数研出版編集部 編

スタンダード　数学A

教科書傍用

は　し　が　き

　本書は半世紀発行を続けてまいりました数研出版伝統の問題集です。全国の皆様から頂きました貴重な御意見が支えとなって，今日に至っております。教育そのものが厳しく問われている近年，どのような学習をすることが，生徒諸君の将来の糧になるかなど，根本的な課題が議論されてきております。

　教育については，様々な捉え方がありますが，数学については，やはり積み重ねの練習が必要であると思います。そして，まず1つ1つの基礎的内容を確実に把握することが重要であり，次に，それらの基礎概念を組み合わせて考える応用力が必要になってきます。

　編集方針として，上記の基本的な考え方を踏まえ，次の3点をあげました。

　　1．基本問題の反復練習を豊富にする。

　　2．やや程度の高い重要な問題も，その内容を分析整理することによって，重
　　　　要事項が無理なく会得できるような形にする。

　　3．別冊詳解はつけない。自力で解くことによって真の実力が身につけられる
　　　　ように編集する。なお，巻末答には，必要に応じて，指針・略解をつけて，
　　　　自力で解くときの手助けとなる配慮もする。

　このような方針で，編集致しましたが，まだまだ不十分な点もあることと思います。皆様の御指導と御批判を頂きながら，所期の目的達成のために，更によりよい問題集にしてゆきたいと念願しております。

JN093521

本書の構成と使用法

要項　問題解法に必要な公式およびそれに付随する注意事項をのせた。

例題　重要で代表的な問題を選んで例題とした。

　指針　問題のねらいと解法の要点を要領よくまとめた。

　解答　模範解答を示すようにしたが，中には略解の場合もある。

問題　問題A，問題B，発展の3段階に分けた。

　問題A　基本的な実力養成をねらったもので，諸君が独力で解答を試み，疑問の点のみを先生に質問するかまたは，該当する例題を参考にするということで理解できることが望ましい問題である。

　Aのまとめ　問題Aの内容をまとめたもので，基本的な実力がどの程度身についたかを知るためのテスト問題としても利用できる。

　問題B　応用力の養成をねらったもので，先生の指導のもとに学習すると，より一層の効果があがるであろう。

　発展　発展学習的な問題など，教科書本文では，その内容が取り扱われていないが，重要と考えられる問題を配列した。

　ヒント　ページの下段に付した。問題を解くときに参照してほしい。

印問題　掲載している問題のうち，思考力・判断力・表現力の育成に特に役立つ問題に印をつけた。また，本文で扱えなかった問題を巻末の総合問題でまとめて取り上げた。なお，総合問題にはこの印を付していない。

答と略解　答の数値，図のみを原則とし，必要に応じて［　］内に略解を付した。

指導要領の　学習指導要領の枠を超えている問題に対して，問題番号などの右
枠外の問題　上に◆印を付した。内容的にあまり難しくない問題は問題Bに，やや難しい問題は発展に入れた。

■選択学習　時間的余裕のない場合や，復習を効果的に行う場合に活用。

　＊印　＊印の問題のみを演習しても，一通りの学習ができる。

　Aのまとめ　復習をする際に，問題Aはこれのみを演習してもよい。

チェックボックス（▢）　問題番号の横に設けた。

■問題数

　　総数 389 題　例題 44 題，問題A 147 題，問題B 168 題，発展 26 題
　　総合問題 4 題，＊印 187 題，Aのまとめ 30 題，印 8 題

目　　次

準備 集　合

4, 5 ページでは，第 1 章「場合の数と確率」で必要となる数学 I の「集合」の内容を準備として扱った。

---

1 集　合

① $A \subset B$　$x \in A$ ならば $x \in B$

　$A = B$　要素が完全に一致。$A \subset B$ かつ $B \subset A$

② **共通部分**　$A \cap B = \{x \mid x \in A$ かつ $x \in B\}$

　和集合　$A \cup B = \{x \mid x \in A$ または $x \in B\}$

　空集合 $\varnothing$　要素を 1 つももたない集合

③ **補集合**　全体集合 U に関する A の補集合　$\overline{A} = \{x \mid x \in U$ かつ $x \notin A\}$

1．性質　$A \cap \overline{A} = \varnothing$, $A \cup \overline{A} = U$, $\overline{\overline{A}} = A$, $A \subset B$ ならば $\overline{A} \supset \overline{B}$

2．ド・モルガンの法則　$\overline{A \cup B} = \overline{A} \cap \overline{B}$, $\overline{A \cap B} = \overline{A} \cup \overline{B}$

■ A ■

☐ 1 集合 $A = \{2, 3, 5, 7, 11\}$ について，次の ☐ に $\in$ または $\notin$ を入れよ。

(1) $3 \ \square \ A$　　　(2) $1 \ \square \ A$　　　(3) $6 \ \square \ A$　　　(4) $7 \ \square \ A$

☐ 2 次の集合を，要素を書き並べて表せ。

(1) $\{n \mid -2 \leqq n \leqq 5, \ n$ は整数$\}$　　　*(2) $\{n^2 \mid -1 < n \leqq 2, \ n$ は整数$\}$

(3) $\{x \mid x$ は 13 以下の正の奇数$\}$　　　*(4) $\{x \mid x$ は 24 の正の約数$\}$

☐ 3 次の集合 A, B の間に成り立つ関係を，記号 $\subset$, $=$ を用いて表せ。

(1) $A = \{2, 4, 6, 8\}$,　　　$B = \{4, 8\}$

*(2) $A = \{3n - 1 \mid n = 1, 2\}$,　　$B = \{x \mid (x-2)(x-5) = 0, \ x$ は整数$\}$

☐*4 $A = \{1, 3, 5, 7, 9\}$ とする。集合 $P = \{3, 5, 9\}$, $Q = \{5, 6, 7\}$, $R = \{2, 4, 8\}$, $S = \varnothing$ のうち，集合 A の部分集合であるものはどれか。

☐*5 集合 $\{p, q, r, s\}$ の部分集合をすべて求めよ。

☐*6 $U = \{1, 2, 3, 4, 5, 6, 7, 8, 9, 10\}$ を全体集合とする。U の部分集合 $A = \{1, 2, 3, 5, 7\}$, $B = \{2, 3, 8, 10\}$ について，次の集合を求めよ。

(1) $A \cap B$　　(2) $A \cup B$　　(3) $\overline{A}$　　(4) $\overline{B}$

(5) $A \cap \overline{B}$　　(6) $A \cup \overline{B}$　　(7) $\overline{A} \cup \overline{B}$　　(8) $\overline{A \cap B}$

☐ ■A の■ まとめ 7 $U = \{1, 2, 3, 4, 5, 6, 7, 8\}$ を全体集合とする。U の部分集合 $A = \{x \mid x$ は 8 の正の約数$\}$, $B = \{x \mid x$ は偶数, $1 \leqq x \leqq 8\}$ について，次の集合を，要素を書き並べて表せ。

(1) $A \cap B$　　(2) $A \cup B$　　(3) $\overline{A} \cap B$　　(4) $\overline{A \cup B}$

■集合と要素の関係

例題 1

$U=\{n \mid 1 \leqq n \leqq 9, \ n$ は自然数$\}$ を全体集合とする。
$A \cap B=\{3, 7\}$, $A \cup B=\{2, 3, 6, 7, 9\}$, $\overline{A} \cap B=\{9\}$
であるとき, A, $\overline{B}$, $\overline{A} \cup B$ を求めよ。

指針 **集合の決定** 図をかいて考えるとわかりやすい。
右のような図を「**ベン図**」という。

解答 条件から右の図のようになる。この図から
$A=\{2, 3, 6, 7\}$ **答**
$\overline{B}=\{1, 2, 4, 5, 6, 8\}$ **答**
$\overline{A} \cup B=\{1, 3, 4, 5, 7, 8, 9\}$ **答**

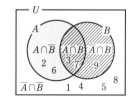

□*8 全体集合 U の部分集合 A, B について, $A \subset B$ のとき, 次の □ の中に適する文字や記号を入れよ。

(1) $A \cap B=$ □ (2) $A \cup B=$ □ (3) $A \cap \overline{B}=$ □

□ 9 $S=\{x \mid x$ は 1 桁の正の奇数$\}$ とする。次の集合を, 要素を書き並べて表せ。

(1) $\{2x+3 \mid x \in S\}$ (2) $\{x^2 \mid x \in S\}$

□*10 $A=\{n \mid n$ は 16 の正の約数$\}$, $B=\{n \mid n$ は 24 の正の約数$\}$,
$C=\{n \mid n$ は 8 以下の自然数$\}$ とする。次の集合を, 要素を書き並べて表せ。

(1) $A \cap B \cap C$ (2) $A \cup B \cup C$

□ 11 $U=\{x \mid x$ は 10 以下の自然数$\}$ を全体集合とする。U の部分集合
$A=\{1, 2, 3, 4, 8\}$, $B=\{3, 4, 5, 6\}$, $C=\{2, 3, 6, 7\}$
について, 次の集合を求めよ。

(1) $A \cap B \cap C$ (2) $A \cup B \cup C$ *(3) $A \cap B \cap \overline{C}$
*(4) $\overline{A \cap B \cap C}$ (5) $(A \cap B) \cup C$ *(6) $(A \cup C) \cap \overline{B}$

□*12 $U=\{1, 2, 3, 4, 5, 6, 7\}$ を全体集合とする。
$A \cap B=\{1, 2\}$, $\overline{A} \cap B=\{4, 7\}$, $\overline{A} \cap \overline{B}=\{3\}$
であるとき, A, B, $A \cup \overline{B}$ を求めよ。

□ 13 $A=\{3, a, 2a+1\}$, $B=\{5, 6, 3a-3\}$, $A \cap B=\{3, 5\}$ のとき, 定数 a の値と和集合 $A \cup B$ を求めよ。

第1章 場合の数と確率

1 集合の要素の個数

1 集合の要素の個数

有限集合 A の要素の個数を $n(A)$ で表す。

① **和集合** $n(A \cup B) = n(A) + n(B) - n(A \cap B)$

特に，$A \cap B = \emptyset$ のとき

$$n(A \cup B) = n(A) + n(B)$$

② **補集合** 全体集合 U の部分集合 A に対し

$$n(\overline{A}) = n(U) - n(A)$$

③ **3つの集合** $n(A \cup B \cup C) = n(A) + n(B) + n(C) - n(A \cap B)$
$$- n(B \cap C) - n(C \cap A) + n(A \cap B \cap C)$$

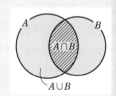

■■A■■

☐ **14** 1 から 100 までの整数のうち，次のような数は何個あるか。

(1) 4 で割り切れる数

*(2) 6 で割り切れない数

*(3) 4 と 6 の少なくとも一方で割り切れる数

(4) 4 でも 6 でも割り切れない数

☐ *15 1 から 1000 までの整数のうち，次のような数は何個あるか。

(1) 3 の倍数   (2) 5 の倍数

(3) 3 の倍数かつ 5 の倍数   (4) 3 の倍数または 5 の倍数

(5) 3 の倍数でない数   (6) 3 の倍数でなく 5 の倍数でもない数

(7) 3 の倍数であるが 5 の倍数でない数

☐ *16 60 人に数学と英語の試験を行った。数学，英語の合格者がそれぞれ 30 人，50 人で，2 科目とも不合格の人は 8 人であった。次の人は何人か。

(1) 2 科目とも合格した人   (2) 数学だけ合格した人

☐ **■Aの■ まとめ** **17** 1 から 100 までの整数のうち，次のような数は何個あるか。

(1) 3 と 7 の少なくとも一方で割り切れる数

(2) 3 で割り切れるが 7 で割り切れない数

集合の要素の個数の最大・最小

例題 2

全体集合 U の部分集合 A, B について，$n(U)=30$，$n(A)=18$，$n(B)=21$ であるとき，$n(A\cap B)$ のとりうる値の最大値と最小値を求めよ。

指針 $n(A)$ と $n(B)$ の大小関係，$n(A)+n(B)$ と $n(U)$ の大小関係に着目する。
$n(A)<n(B)$ であるから，$n(A\cap B)$ は $A\subset B$ のとき最大，$n(A)+n(B)>n(U)$ であるから，$n(A\cap B)$ は $A\cup B=U$ のとき最小となる。

解答 $n(A\cap B)$ が最大値をとるのは
$A\subset B$ のときである。
このとき　$n(A\cap B)=n(A)=18$
$n(A\cap B)$ が最小値をとるのは
$A\cup B=U$ のときである。
このとき，
$n(A\cup B)=n(A)+n(B)-n(A\cap B)$ より
$$n(A\cap B)=n(A)+n(B)-n(A\cup B)$$
$$=18+21-30=9$$

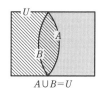

よって　**最大値 18，最小値 9** 答

参考 $n(A)>n(B)$ ならば，$n(A\cap B)$ は $A\supset B$ のとき最大，
$n(A)+n(B)<n(U)$ ならば，$n(A\cap B)$ は $A\cap B=\varnothing$ のとき最小。

B

☐*18 全体集合 U と，その部分集合 A, B に対して，$n(U)=50$，$n(A\cup B)=42$，$n(A\cap B)=3$，$n(\overline{A}\cap B)=15$ であるとき，次の集合の要素の個数を求めよ。
(1) $\overline{A}\cap\overline{B}$ 　　(2) $A\cap\overline{B}$ 　　(3) A 　　(4) B

☐ 19 100 から 200 までの整数のうち，次のような数は何個あるか。
(1) 3 でも 7 でも割り切れない数
(2) 3 で割り切れるが 7 で割り切れない数

☐*20 海外旅行者 100 人のうち，75 人がかぜ薬を，80 人が胃薬を携帯していた。次のような人は，最も多くて何人か。また，最も少なくて何人か。
(1) かぜ薬と胃薬を両方とも携帯した人
(2) かぜ薬と胃薬を両方とも携帯していない人

☐ 21 1 から 200 までの整数のうち，次のような数は何個あるか。
(1) 2 と 3 と 5 の少なくとも 1 つで割り切れる数
(2) 2 と 3 の両方で割り切れるが，5 で割り切れない数

2 場合の数

> **1 場合の数の数え方** もれなく，重複なく数え上げる。
> ① **樹形図** 各場合を枝分かれした図で表す方法
> ② **辞書式配列法** アルファベット順や50音順などの規則に従って並べる方法
> **2 和の法則**
> 2つの事柄 A，B は同時には起こらないとする。Aの起こり方が a 通りあり，Bの起こり方が b 通りあるとすると，AまたはBが起こる場合は $a+b$ 通りある。
> **3 積の法則**
> 事柄Aの起こり方が a 通りあり，そのおのおのの場合について，事柄Bの起こり方が b 通りあるとすると，AとBがともに起こる場合は ab 通りある。

A

☑ **22** (1) 単語 cap を構成している3文字を1列に並べる方法は，何通りあるか。

　*(2) 単語 door を構成している文字から3文字を選んで1列に並べる方法は，何通りあるか。

☑ **23** 次のさいころを同時に投げるとき，目の和が9になる場合は，何通りあるか。
　(1) 大小2個のさいころ 　　　　(2) 大中小3個のさいころ

☑ ***24** 大小2個のさいころの目の和が次のようになる場合は，何通りあるか。
　(1) 8または10 　　　(2) 6の倍数 　　　(3) 9以上の数

☑ ***25** 8種類の数学の本と4種類の国語の本の中から，それぞれ1冊ずつ選んで，計2冊の組を作る方法は何通りあるか。

☑ **26** 3人がじゃんけんを1回するとき，手の出し方は何通りあるか。

☑ **27** 次の式を展開すると，項は何個できるか。
　(1) $(a+b)(c+d+e+f)$ 　　　　*(2) $(a+b)(c+d+e)(f+g+h+i)$

☑ **Aのまとめ** **28** (1) 大小2個のさいころの目の和が3の倍数になる場合の数は，何通りあるか。
　　　(2) A班3名，B班4名の中から，それぞれ1名ずつ計2名を選ぶとき，選び方は何通りあるか。

さいころの目の出方

例題 3　1個のさいころを3回続けて投げるとき，次の場合は何通りあるか。
- (1) 目の積が偶数になる
- (2) 目の和が偶数になる

指針　**場合の数の数え方**　(1) 目の積が偶数 ⟶ 少なくとも1回偶数が出ればよい。
（全体）−（3回とも奇数の場合）を考える。
(2) 場合を分けて求める。

解答　(1) 1個のさいころを3回投げるとき，目の出方は　　$6×6×6=216$ (通り)
このうち，積が奇数になるのは，3回とも奇数の場合で　　$3×3×3=27$ (通り)
したがって，積が偶数になる場合の数は　　$216−27=\textbf{189}$ **(通り)**　答
(2) 和が偶数になるのは，3回とも偶数の場合か，2回が奇数で1回が偶数
（奇奇偶，奇偶奇，偶奇奇）の場合で，その数は
$$3×3×3+3×(3×3×3)=\textbf{108}\textbf{ (通り)}　答$$

□*29　大小2個のさいころを投げるとき，目の和が8になる場合は何通りあるか。
また，2個のさいころが同じ大きさで区別できないときは何通りあるか。

□*30　2桁の自然数のうち，各位の数の和が偶数になる自然数は何個あるか。

□*31　3桁の自然数のうち，次の場合は何通りあるか。
- (1) 各位の数の和が奇数
- (2) 各位の数の積が偶数

□ 32　次の硬貨の一部または全部を使って，ちょうど支払うことができる金額は何通りあるか。
- (1) 10円硬貨4枚，100円硬貨3枚，500円硬貨2枚
- *(2) 10円硬貨3枚，100円硬貨7枚，500円硬貨3枚

□*33　柿2個，りんご4個，みかん6個の中から，6個を取り出す方法は何通りあるか。ただし，取り出されない果物があってもよい。

□ 34　次の数について正の約数は何個あるか。また，その約数の総和を求めよ。
- (1) $2^2·3^3$
- *(2) 675
- *(3) 81
- (4) 360

□ 35　等式 $x+2y+3z=12$ を満たす自然数の組 (x, y, z) は何組あるか。

□ 36　1個が10円，30円，70円のあめ玉がある。どの種類のあめ玉も1個は買うものとして，全部で230円になる買い方は何通りあるか。

3 順列

1 順列

① **順列** いくつかのものを，順序をつけて1列に並べる配列

② 異なる n 個のものから r 個取る順列の総数は

$$_n\mathrm{P}_r = n(n-1)(n-2)\cdots\cdots(n-r+1) \quad (0 < r \leqq n) \quad \text{で表される。}$$
$$\underset{\text{┗ } r \text{ 個の数の積}}{}$$

③ **階乗** 1から n までのすべての自然数の積を $n!$ で表す。

$$_n\mathrm{P}_r = \frac{n!}{(n-r)!} \quad \text{なお，} 0! = 1, \ _n\mathrm{P}_0 = 1 \ \text{と定める。}$$

特に $_n\mathrm{P}_n = n! = n(n-1)(n-2)\cdots\cdots 3\cdot2\cdot1$

■■A■■

37 次の値を求めよ。ただし，n は2以上の自然数とする。

*(1) $_7\mathrm{P}_3$ (2) $_7\mathrm{P}_4$ *(3) $_7\mathrm{P}_7$ *(4) $_7\mathrm{P}_0$

(5) $_7\mathrm{P}_1$ *(6) $7!$ *(7) $_n\mathrm{P}_2$ (8) $_{n+1}\mathrm{P}_3$

*38 次のものの総数を求めよ。

(1) 5人の生徒の中から3人を選んで1列に並べるときの並べ方

(2) 1から7までの7個の数字から異なる5個を選んで作る5桁の整数

(3) magic という単語の5個の文字全部を使ってできる文字列

*39 次の方法は何通りあるか。

(1) 番号のついた3脚のいすに，8人の生徒のうち3人が座る方法

(2) 番号のついた8脚のいすに，3人の生徒が座る方法

40 (1) 5個の数字 1，2，3，4，5 から異なる3個を取り出してできる3桁の整数は，何個あるか。

(2) 9人の中から，会長，副会長，書記を1人ずつ選ぶ方法は，何通りあるか。ただし，兼任は認めないものとする。

(3) 異なる10枚のカードを3人に1枚ずつ配る方法は，何通りあるか。

■Aの■ まとめ **41** (1) 駅が16ある鉄道会社が，発駅と着駅を指定する片道乗車券を作る。このとき，何種類の片道乗車券ができるか。

(2) 1個のさいころを6回投げるとき，6回とも異なる目が出る場合の数を求めよ。

■条件つきの並び方

例題 4

大人5人，子ども3人が1列に並ぶとき，次のような並び方は何通りあるか。

(1) 子ども3人が続いて並ぶ

(2) 大人5人が続いて並び，子ども3人も続いて並ぶ

(3) どの子どもも隣り合わない

■指針■ **並び方が制限された場合** (1) まず，隣り合うものを1つとみて考える。

(3) どの子どもも隣り合わない ⟶ 大人と大人の間か両端に子どもが並ぶ。

解答 (1) 子ども3人を1組と考え，この1組と大人5人の並び方は 6! 通り

そのおのおのに対して，子ども3人の並び方は 3! 通り

よって 6!×3!＝720×6＝**4320 (通り)** 答

(2) 大大大大大子子子 と 子子子大大大大大 の2通りの場合がある。

そのおのおのに対して，大人5人の並び方は 5! 通り，

子ども3人の並び方は 3! 通り

よって 2×5!×3!＝2×120×6＝**1440 (通り)** 答

(3) 大人5人の並び方は 5! 通り

そのおのおのに対して，大人と大人の間か両端の6か所のうち，異なる3か所に子ども3人が並ぶ方法は $_6P_3$ 通り

よって 5!×$_6P_3$＝120×120＝**14400 (通り)** 答

☑*42 improve の文字をすべて用いる順列の中で，次の場合は何通りあるか。

(1) i と m が隣り合う 　　(2) i と m が隣り合わない

(3) i と m と p がこの順に続いて並ぶ

(4) i と m と p のどの2つも隣り合わない

(5) i と m の間に文字が2つある

☑ 43 次の文字をすべて用いる順列の中で，母音と子音が交互に並ぶ並べ方は，何通りあるか。

(1) careful 　　(2) precious

☑*44 大人4人，子ども3人が1列に並ぶとき，次のような並び方は何通りあるか。

(1) 両端が大人 　　(2) 両端の少なくとも一方が子ども

(3) 両端の一方が大人，もう一方が子ども 　　(4) 子ども3人が続いて並ぶ

(5) 大人4人が続いて並び，子ども3人も続いて並ぶ

(6) どの子どもも隣り合わない

(7) 子どもは3人のうち2人のみが続いて並ぶ

■■**数字の並び方**

6個の数字 0, 1, 2, 3, 4, 5 を使ってできる，次のような5桁の整数は何個あるか。ただし，同じ数字は2度以上使わないものとする。

(1) 整数 　　　 (2) 偶数 　　　 (3) 43000 より大きい整数

■指針■ **数字の順列** (1) 最高位は 0 でない。 (2) 一の位が偶数。
(3) 万の位の数字を決めて，適する個数を求める。

解答 (1) 万の位は 0 でないから，その選び方は 5通り
千，百，十，一の位には残りの5個の数字から4個取って並べるから，その並べ方は $_5P_4$ 通り
したがって，求める整数の個数は，積の法則により $5 \times _5P_4 = 600$ **(個)** 答

(2) [1] 一の位が 0 のとき
万，千，百，十の位には 0 以外の5個から4個取って並べるから $_5P_4$ 通り
[2] 一の位が 2, 4 のとき
万の位には 0 を除く4個から1個取って入れるから 4通り
千，百，十の位には残りの4個から3個取って並べるから $_4P_3$ 通り
よって $2 \times 4 \times _4P_3$ 通り
[1], [2] から $_5P_4 + 2 \times 4 \times _4P_3 = 120 + 192 = 312$ **(個)** 答

(3) [1] 43□□□，45□□□ の場合
□の中に，残りの4個から3個取って並べるから $2 \times _4P_3$ 通り
[2] 5□□□□ の場合
□の中に，残りの5個から4個取って並べるから $_5P_4$ 通り
[1], [2] から $2 \times _4P_3 + _5P_4 = 48 + 120 = 168$ **(個)** 答

■■■ **B** ■■■

☑ **45** 7個の数字 1, 2, 3, 4, 5, 6, 7 を使ってできる，次のような4桁の整数は何個あるか。ただし，同じ数字は2度以上使わないものとする。

(1) 整数 　 (2) 偶数 　 (3) 奇数 　 (4) 5の倍数

☑*46 7個の数字 0, 1, 2, 3, 4, 5, 6 を使ってできる，次のような4桁の整数は何個あるか。ただし，同じ数字は2度以上使わないものとする。

(1) 整数 　 (2) 偶数 　 (3) 奇数 　 (4) 3200 以上

☑ **47** 6個の数字 0, 1, 2, 3, 4, 5 を使ってできる，次のような5桁の整数は何個あるか。ただし，同じ数字は2度以上使わないものとする。

(1) 10の倍数 　 (2) 奇数 　 (3) 5の倍数 　 (4) 3の倍数

辞書式配列

例題 6

ABCDE の文字をすべて使ってできる順列を辞書式に並べる。
(1) 56 番目の文字列を求めよ。
(2) DBEAC は何番目の文字列か。

指針 辞書式配列　ABCDE, ABCED, ……, BACDE, BACED, ……, EDCBA と
並ぶ。適当なところで区切って個数を数える。

解答 (1) A○○○○, B○○○○ という文字列は，それぞれ 4! 個ずつあり，CA○○○
という文字列は 3! 個あるから，合わせて
$$2 \times 4! + 3! = 54 \text{（個）}$$
よって，56 番目の文字列は，CB○○○ という文字列の 2 番目である。
順に書き出すと　　CBADE, CBAED, ……
したがって，求める文字列は　**CBAED**　答
(2) A○○○○, B○○○○, C○○○○ という文字列は全部で
$$3 \times 4! = 72 \text{（個）}$$
DA○○○, DBA○○, DBC○○ という文字列は全部で
$$3! + 2 \times 2! = 10 \text{（個）}$$
よって，DBEAC は　　$72 + 10 + 1 = $**83（番目）**　答

☑*48　SHIKEN の文字をすべて使ってできる順列を辞書式に並べるとき
(1) 25 番目の文字列を求めよ。　　　(2) SHIKEN は何番目の文字列か。

☑ 49　6 個の数字 0, 1, 2, 3, 4, 5 を重複なく使ってできる 4 桁の整数を，小さい
方から順に並べる。
(1) 2345 は何番目か。　　　　　　　(2) 200 番目の数を求めよ。
(3) 初めて 3000 を超えるのは何番目か。また，その数を求めよ。

☑*50　8 個の数字 1, 2, 3, ……, 8 のすべてを左から順に 1 列に並べるとき
(1) 1 と 2 と 3 が左から 3 番目までにあるような並べ方は，何通りあるか。
(2) 1 と 2 が左から 3 番目までにあるような並べ方は，何通りあるか。

☑*51　5 色の絵の具を使って，右の図の A～E を塗り分ける。
次の場合，何通りの塗り方があるか。
(1) 5 色すべてを使う場合
(2) 同じ色を何回使ってもよいが，隣り合う部分は異な
る色にする場合

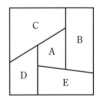

4 円順列・重複順列

1 円順列

① **円順列** いくつかのものを円形に並べる配列。

異なる n 個のものの円順列の総数は

$$\frac{{}_n\mathrm{P}_n}{n} = (n-1)!$$

異なる n 個のものから r 個を取り出して並べる円順列の総数は

$$\frac{{}_n\mathrm{P}_r}{r}$$

② **じゅず順列** 異なる n 個のものでじゅずつなぎの輪を作る配列の総数は，円順列で裏返すと同じになるものが2つずつあることから

$$\frac{(n-1)!}{2}$$

2 重複順列 異なるものから重複を許していくつか取り出して並べる順列。

n 個から r 個取る重複順列の総数は

$$n^r \quad (r > n \text{ でもよい})$$

☑ **52** 次のような方法は何通りあるか。

(1) 異なる7個の玉を机の上に円形に並べる方法

*(2) 8人が手をつないで輪を作る方法

*(3) 右の図のように6等分した正六角形の各部分を，異なる6色の絵の具をすべて使って塗り分ける方法

☑ **53** (1) 3題の問題に ○，× で答えるとき，○，× のつけ方は何通りあるか。

(2) 4個の数字 1，2，3，4 を重複を許して使ってできる3桁の整数は何個あるか。

*(3) 5人が1回じゃんけんをするとき，手の出し方は何通りあるか。

*(4) 6個の要素をもつ集合 $\{a, b, c, d, e, f\}$ の部分集合の個数を求めよ。

☑ **Aのまとめ** **54** 次のような方法は何通りあるか。

(1) 9か国の首相が円卓会議を行うとき，着席の方法

(2) 異なる4個のさいころを1回投げたとき，さいころの目の出方

■ 2組に分ける問題

例題 7

異なる 8 個の玉を 2 つの箱に入れる。次の場合、その入れ方は何通りあるか。箱には少なくとも 1 個の玉を入れるものとする。
(1) 箱に区別がある場合　　　(2) 箱に区別がない場合

指針 **重複順列** (1) 箱に区別があるから、玉 1 個についての入れ方は 2 通り。

解答 (1) 1 個の玉について、2 通りの箱の選び方があるから、全部で 2^8 通り。
このうち、すべて同じ箱に入ってしまう場合が 2 通りある。
したがって、入れ方の総数は　$2^8 - 2 = \mathbf{254}$ **(通り)** **答**
(2) (1)において、箱の区別をなくすと　$254 \div 2 = \mathbf{127}$ **(通り)** **答**

B

☐ **55** 8 人の中の 5 人が 5 人用の円卓を囲んで座るとき、並び方は何通りあるか。

☐*56 大人 2 人、子ども 4 人が 6 人用の円卓を囲んで座るとき
(1) 大人が隣り合う並び方は何通りあるか。
(2) 大人が向かい合う並び方は何通りあるか。

☐*57 立方体の 6 個の面を、6 種類の色すべてを用いて塗り分ける方法は、何通りあるか。

☐*58 異なる 6 個の玉を糸でつないで首飾りにする方法は、何通りあるか。

☐ **59** 4 個の数字 0, 1, 2, 3 を重複を許して使ってできる、次のような整数は何個あるか。
(1) 5 桁の整数　　　*(2) 5 桁以下の整数　　　(3) 5 桁の偶数

☐ **60** 9 個の要素をもつ集合 $\{a_1, a_2, \cdots\cdots, a_9\}$ の部分集合のうち、$\{a_1, a_9\}$ を含む集合の個数を求めよ。

☐*61 2 種類の記号 ○, △ をいくつか並べて暗号を作る。
(1) 並べる記号が 1 個以上 4 個以下の場合、何通りの暗号ができるか。
(2) 100 通りの暗号を作るには、○, △ を最小限何個まで並べなければならないか。

☐*62 (1) 10 人を、2 つの部屋 A, B に入れる方法は何通りあるか。ただし、1 人も入らない部屋があってもよいものとする。
(2) 10 人を 2 つのグループ A, B に分ける方法は何通りあるか。
(3) 10 人を 2 つのグループに分ける方法は何通りあるか。

5 組 合 せ

1 組合せ

① **組合せ** 異なる n 個のものから異なる r 個を取る組合せの総数は

$$_nC_r = \frac{_nP_r}{r!} = \frac{n!}{r!(n-r)!} = \frac{n(n-1)(n-2)\cdots\cdots(n-r+1)}{r(r-1)(r-2)\cdots\cdots2\cdot1} \quad (0 < r \le n)$$

特に $\quad _nC_n = 1$

なお，$_nC_0 = 1$ と定める。

② **$_nC_r$ の性質** $\quad _nC_r = _nC_{n-r} \qquad$ ただし $\quad 0 \le r \le n$

$\qquad\qquad\qquad _nC_r = _{n-1}C_{r-1} + _{n-1}C_r \qquad$ ただし $\quad 1 \le r \le n-1,\ n \ge 2$

2 同じものを含む順列

n 個のもののうち，p 個は同じもの，q 個は別の同じもの，r 個はまた別の同じもの，……であるとき，これら n 個のものを1列に並べる順列の総数は

$$_nC_p \times _{n-p}C_q \times _{n-p-q}C_r \times \cdots\cdots = \frac{n!}{p!q!r!\cdots\cdots} \qquad$$ ただし $\quad p+q+r+\cdots\cdots = n$

63 次の値を求めよ。ただし，n は3以上の自然数とする。

(1) $_{11}C_3$ *(2) $_4C_2$ (3) $_7C_1$ *(4) $_8C_8$

*(5) $_5C_0$ (6) $_6C_5$ *(7) $_9C_7$ (8) $_nC_3$

*64 (1) 異なる7個のあめ玉から3個を選ぶ方法は，何通りあるか。

    (2) 10人の生徒の中から4人の委員を選ぶ方法は，何通りあるか。

    (3) 硬貨1枚を10回投げるとき，3回だけ表が出る場合は何通りあるか。

*65 正十角形について，次の数を求めよ。

    (1) 3個の頂点を結んでできる三角形の個数

    (2) 4個の頂点を結んでできる四角形の個数

    (3) 2個の頂点を結ぶ線分の本数

    (4) 対角線の本数

66 1年生4人，2年生6人の中から4人の委員を選ぶとき

    (1) 全部で何通りの方法があるか。

    *(2) 1年生の委員2人と2年生の委員2人を選ぶ方法は何通りあるか。

67 次のような並べ方は何通りあるか。

    (1) a 3個，b 4個，c 1個の8文字を1列に並べる方法

    *(2) HOKKAIDO の8文字を1列に並べる方法

☑ ■■**Aの**■■ **68** (1)　20人の中から4人の代表を選ぶ方法は，何通りあるか。
　　まとめ

　　　　　(2)　異なる番号のついた赤玉5個，白玉5個が入った袋から，赤玉
　　　　　　　2個，白玉2個を取り出す方法は，何通りあるか。

　　　　　(3)　8本の平行線と，それらに交わる6本の平行線とによってでき
　　　　　　　る平行四辺形は何個あるか。

　　　　　(4)　WORKBOOK の8文字を1列に並べる方法は，何通りあるか。

☑ **69**　10人の中から4人の委員を選ぶとき，次のような選び方は何通りあるか。
　　(1)　特定の2人 a, b がともに選ばれる。
　　(2)　特定の2人 a, b について， a は選ばれるが b は選ばれない。

☑***70**　正八角形の3個の頂点を結んで三角形を作るとき，次の数を求めよ。
　　(1)　正八角形と1辺だけを共有する三角形の個数
　　(2)　正八角形と2辺を共有する三角形の個数
　　(3)　正八角形と1辺も共有しない三角形の個数

☑***71**　12人を次のようにする方法は，何通りあるか。
　　(1)　A室に5人，B室に4人，C室に3人入れる。
　　(2)　A室に5人，B室に5人，C室に2人入れる。
　　(3)　A室，B室，C室，D室に3人ずつ入れる。
　　(4)　5人，4人，3人の3組に分ける。
　　(5)　5人，5人，2人の3組に分ける。
　　(6)　3人ずつ4組に分ける。

☑ **72**　4桁の整数の千の位，百の位，十の位，一の位の数字をそれぞれ a, b, c, d
　　とする。次の条件を満たす4桁の整数は何個あるか。
　　(1)　$a>b>c>d$　　　　(2)　$a<b<c<d$　　　　(3)　$a<b<c\leqq d$

・・

ヒント **71 分配の問題**　同数に分けるときは注意。例えば，同数が3つのとき ÷3!
　　　72 (2)　$a<b<c<d$ では $a\neq0$ に注意。

■ 最短経路の問題

例題 8

右の図のように，ある街には東西に6本，南北に8本の道がある。次の場合，PからQまで最短経路で行く道順は何通りあるか。
(1) すべての経路
(2) Rを通る経路

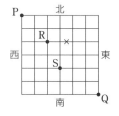

指針 最短経路の問題　↑と→を使って作られる順列に対応させて考える。

解答 (1) 東に1区画進むことを→，北へ1区画進むことを↑で表すと，PからQまで行く最短経路の総数は，7個の→と5個の↑を1列に並べる順列の総数に等しい。

よって　$\dfrac{12!}{7!5!}=792$ **(通り)** 答

(2) PからRまで行く最短経路は　$\dfrac{5!}{3!2!}=10$ (通り)

RからQまで行く最短経路は　$\dfrac{7!}{4!3!}=35$ (通り)

よって，Rを通る最短経路は　$10×35=350$ **(通り)** 答

■ B ■

□*73 右の図のように，ある街には東西に7本，南北に7本の道がある。次の場合，PからQまで最短経路で行く道順は何通りあるか。
(1) すべての経路　　(2) Rを通る経路
(3) R，Sをともに通る経路
(4) ×印の箇所を通らない経路

□*74 TAKIBIの6文字を次のように並べるとき，何通りの並べ方があるか。
(1) A，K，Bの位置をTAKIBIのまま固定して並べる。
(2) A，K，Bは左からこの順になるように並べる。
(3) AとKが隣り合わないように並べる。

□ 75 DEFENSEの7文字から4文字を取り出すとき，次のような組合せおよび順列の総数を求めよ。
(1) Eを3つ含む場合　　　(2) Eを2つだけ含む場合
(3) 4文字とも異なる場合　(4) すべての場合

ヒント 74 (2) A，K，Bの順序を指定 ⟶ A，K，Bは同じものと考える。

■重複組合せ

例題 9　3個の文字 a, b, c から重複を許して 4 個取る組合せの総数を求めよ。

指針　異なる n 個のものから重複を許して r 個取る組合せの総数は　$_{n+r-1}C_r$

> **参考** このような組合せを **重複組合せ** といい, その総数を $_nH_r$ で表す。

解答　$_{3+4-1}C_4=_6C_4=_6C_2=$ **15 (通り)** **答**

別解　4 個の〇と 2 個の仕切り | 順列を作り, 仕切りで分けられた 3 か所の〇の個数を, 左から順に a, b, c の個数にすると考えればよい。

よって, 求める組合せの総数は, 4 個の〇と 2 個の | を 1 列に並べる順列の総数に等しいから

$$\frac{6!}{4!2!}=\frac{6\cdot5}{2\cdot1}=\textbf{15 (通り)} \quad \textbf{答}$$

B

□***76** 柿, りんご, みかんの 3 種類の果物の中から 7 個の果物を買う。次のような買い方は何通りあるか。
　(1) 買わない果物があってもよい場合
　(2) どの果物も少なくとも 1 個は買う場合

□ **77** 次のような玉を異なる 3 つの箱に分けて入れるとき, 入れ方は何通りあるか。ただし, 同じ色の玉は区別できず, 玉を入れない箱があってもよいものとする。
　(1) 赤玉 5 個　　　　　　　　　(2) 赤玉 5 個と白玉 2 個

□ **78** 候補者が 3 人で, 投票者が 8 人いる無記名投票で, 1 人 1 票を投票するときの票の分かれ方の総数を求めよ。ただし, 候補者は投票できないものとする。

□ **79** $(a+b+c)^6$ の展開式における項は何個あるか。

□ **80** 3 桁の整数 n の百の位, 十の位, 一の位の数字を, それぞれ a, b, c とするとき, $a \geq b \geq c > 0$ を満たす整数 n は何個あるか。

□***81** 大, 中, 小 3 個のさいころの目をそれぞれ x, y, z とする。この 3 個のさいころを同時に投げたとき, 次のようになる場合は何通りあるか。
　(1) $x > y > z$　　　　　　　　(2) $x \geq y \geq z$

□***82** (1) 等式 $x+y+z=4$ を満たす負でない整数 x, y, z の組は, 全部で何個あるか。
　(2) 等式 $x+y+z=6$ を満たす自然数 x, y, z の組は, 全部で何個あるか。

ヒント 82 (2) $x=X+1$, $y=Y+1$, $z=Z+1$ とおいて, (1)の形にする。

6 事象と確率

> **1 事象** ある試行において，起こりうる場合全体の集合を U とする。
> ① **事象** 試行の結果として起こる事柄。U の部分集合で表すことができる。
> ② **全事象** 起こりうるすべての場合。全体集合 U で表される事象
> ③ **空事象** 空集合 $\varnothing$ で表される事象
> ④ **根元事象** U の1個の要素からなる集合で表される事象
> **2 確率の定義** 全事象 U のどの根元事象も同様に確からしいとき，
> 事象 A の起こる確率は $\quad P(A) = \dfrac{n(A)}{n(U)} = \dfrac{\text{事象 } A \text{ の起こる場合の数}}{\text{起こりうるすべての場合の数}}$

■■A■■

□***83** 黒玉2個，白玉4個が入っている袋がある。次の事象を集合で表せ。
   (1) 玉を2個同時に取り出す試行において，その全事象
   (2) (1)の試行において，少なくとも1個黒玉が出るという事象

□ **84** 次の考え方は誤っている。正しい考え方で確率を求めよ。
   (1) 3枚の硬貨を同時に投げるとき，(表，裏) の枚数について，(3, 0)，
   (2, 1)，(1, 2)，(0, 3) の4通りがある。よって，3枚とも表が出る確率は
   $\dfrac{1}{4}$ である。
   (2) 2個のさいころを同時に投げるとき，目の積は偶数か奇数になる。した
   がって，目の積が偶数になる確率は $\dfrac{1}{2}$ である。

□***85** 1から15までの番号をつけた15枚のカードから1枚を取り出すとき，次の
   確率を求めよ。
   (1) 4以下の番号が出る確率   (2) 5の倍数の番号が出る確率

□ **86** 2個のさいころを同時に投げるとき，次の確率を求めよ。
   (1) 出る目の和が8   (2) 出る目の積が6

□***87** 赤玉4個と白玉5個の入った袋から同時に3個の玉を取り出すとき，次のよ
   うな玉が出る確率を求めよ。
   (1) 赤玉2個と白玉1個   (2) 白玉3個

□ ■**A の**■ **88** (1) A，Bの2人がじゃんけんをして，Aが勝つ確率，Aが負ける
   まとめ 確率，あいこになる確率を求めよ。
   (2) 1組52枚のトランプから同時に2枚を取り出すとき，2枚の
   うち1枚だけが絵札である確率を求めよ。

順列の確率

例題 10　異なる6個の数字1，2，3，4，5，6を全部並べて順列を作る。
(1)　1，2，3が皆隣り合う確率を求めよ。
(2)　1，2，3がこの順に並ぶ確率を求めよ。

指針　確率　$\dfrac{起こる場合の数}{起こりうるすべての場合の数}$　を考える。

(1)　1，2，3を1つのまとまり　(2)　1，2，3を同じもの　として考える。

解答　6個の数字の並べ方は　6! 通り

(1)　1，2，3を1つの数●とみると，●，4，5，6の並べ方は　4! 通り
そのおのおのに対して，1，2，3の並べ方は　3! 通り
よって，1，2，3が皆隣り合う並べ方は　4!×3! 通り
したがって，求める確率は　$\dfrac{4! \times 3!}{6!} = \dfrac{1}{5}$　**答**

(2)　1，2，3を同じものとして○とみると，○，○，○，4，5，6の並べ方は
$\dfrac{6!}{3!} = 120$（通り）　　よって，求める確率は　$\dfrac{120}{6!} = \dfrac{1}{6}$　**答**

☐ *89　40人の中から委員長と副委員長をくじ引きで1人ずつ選ぶとき，特定の4人の中から2人が選ばれる確率を求めよ。また，委員長と副委員長の区別なく2人を選ぶときはどうか。

☐ 90　1個のさいころを3回投げるとき，次のような目が出る確率を求めよ。
(1)　3回とも異なる目が出る　　　　(2)　目の積が140より大きい

☐ *91　SUNDAY の6文字を任意に1列に並べるとき，次の確率を求めよ。
(1)　両端が母音である確率　　　　(2)　SとYが隣り合う確率
(3)　SがYよりも左側にある確率

☐ *92　A，B，Cの3人でじゃんけんを1回するとき，次の確率を求めよ。
(1)　Aだけが負ける確率　　　　(2)　1人だけが勝つ確率

☐ 93　袋の中に，赤玉，白玉合わせて8個が入っている。いま，これから同時に2個の玉を取り出すとき，赤，白各1個が出る確率が $\dfrac{3}{7}$ である。赤玉の個数は何個であるか。

ヒント 93　求める赤玉の個数を n として，確率を計算する。

7　確率の基本性質

> **1　確率の基本性質**
> ある試行における全事象をU，空事象を$\emptyset$，2つの事象をA, Bで表す。
> ① **基本性質**　$0 \leqq P(A) \leqq 1$　　$P(\emptyset)=0$　　$P(U)=1$
> ② **積事象**　「事象AとBが<u>ともに</u>起こる」という事象。$A \cap B$ で表す。
> 　　**和事象**　「事象A<u>または</u>Bが起こる」という事象。　$A \cup B$ で表す。
> ③ **加法定理**　　$A \cap B = \emptyset$（排反）のとき　$P(A \cup B)=P(A)+P(B)$
> 　　**和事象の確率**　$P(A \cup B)=P(A)+P(B)-P(A \cap B)$
> 　　**余事象の確率**　$P(A)+P(\overline{A})=1$　すなわち　$P(\overline{A})=1-P(A)$

■■A■■

☑***94**　1個のさいころを投げるとき，$A \sim D$の事象を以下のように定める。

　　　A：偶数の目が出る　　　B：3の倍数の目が出る
　　　C：奇数の目が出る　　　D：5の約数の目が出る

(1)　積事象 $A \cap B$ の確率を求めよ。　　(2)　和事象 $A \cup B$ の確率を求めよ。

(3)　$A \sim D$の事象のうち，互いに排反であるものはどれとどれか。

☑ **95**　2個のさいころを同時に投げるとき，次の事象のうち，互いに排反であるものはどれとどれか。

　　　A：目の和が7　　　B：目の積が6　　　C：出る目がともに3以下

☑ **96**　赤玉4個，白玉5個が入っている袋から，3個の玉を同時に取り出すとき，次の確率を求めよ。

　　　(1)　3個とも同じ色である確率　　　*(2)　白玉が2個以上である確率

☑***97**　1から100までの番号をつけた100枚のカードから1枚を取り出すとき，次の確率を求めよ。

　　　(1)　5の倍数の番号が出る確率　　　(2)　8の倍数の番号が出る確率

　　　(3)　5の倍数または8の倍数の番号が出る確率

☑ **98**　5枚の硬貨を同時に投げるとき，少なくとも1枚は表が出る確率を求めよ。

☑***99**　A班6人，B班8人からくじ引きで委員を3人選ぶとき，少なくともB班から1人選ばれる確率を求めよ。

☑ ■**A の**■
　　まとめ　**100**　2個のさいころを同時に投げるとき，次の確率を求めよ。

　　　　　　　(1)　出る目の和が4の倍数である確率

　　　　　　　(2)　出る目の積が24以下である確率

さいころの目の最大値と確率

例題 11

3個のさいころを同時に投げるとき，次の確率を求めよ。
(1) 出る目の最大値が4以下である確率
(2) 出る目の最大値が4である確率

指針 **問題文の読みかえ**　出る目の最大値が4以下 ⟶ 出る目がすべて4以下
　　　　出る目の最大値が4 ⟶ （出る目がすべて4以下）−（出る目がすべて3以下）

解答 すべての目の出方は　6^3 通り

(1) 出る目がすべて4以下であればよいから，その場合の数は　4^3 通り

　　よって，求める確率は　$\dfrac{4^3}{6^3}=\dfrac{8}{27}$ **答**

(2) 目の最大値が4以下であるという事象をA，
　　目の最大値が3以下であるという事象をB，
　　目の最大値が4であるという事象をC　とすると，
　　$A=B\cup C$ で，BとCは互いに排反であるから　$P(A)=P(B)+P(C)$
　　よって，求める確率は

$$P(C)=P(A)-P(B)=\frac{4^3}{6^3}-\frac{3^3}{6^3}=\frac{64}{216}-\frac{27}{216}=\frac{37}{216}$$ **答**

▓ **B** ▓

☑ **101** $P(A)=0.3$，$P(B)=0.2$，$P(A\cup B)=0.4$ のとき，$P(A\cap B)$，$P(\overline{A}\cup B)$ を求めよ。

☑ *102 赤玉2個，白玉3個，青玉4個が入った袋から，同時に3個の玉を取り出すとき，玉の色が少なくとも2種類である確率を求めよ。

☑ *103 3個のさいころを同時に投げるとき，次の確率を求めよ。
(1) 出る目の最小値が4以上である確率
(2) 出る目の最小値が3以上5以下である確率
(3) 出る目の最小値が4である確率

☑ *104 1から10までの番号をつけた10枚のカードから1枚ずつ計3枚を選ぶ試行を考える。次のように3枚のカードを選ぶとき，最大の番号が8である確率を求めよ。
(1) 選んだカードはもとに戻さない　(2) 選んだカードはもとに戻す

☑ **105** 3個のさいころを同時に投げるとき，出る目の積が次のような数になる確率を求めよ。
(1) 奇数　　　　　　(2) 偶数　　　　　　(3) 4の倍数

8 独立な試行の確率

> **1 独立な試行の確率**
> 2つの独立な試行 S，T を行うとき，S では事象 A が起こり，T では事象 B が起こる
> という事象を C とすると，事象 C の確率は
> $$P(C)=P(A)P(B)$$
> 3つ以上の独立な試行についても，同様の等式が成り立つ。

▓▓ A ▓▓

☑ **106** 当たりくじ2本を含む10本のくじの中から，1本のくじを引く試行をS，続いてもう1本のくじを引く試行をTとする。次の場合，SとTは独立であるか。
　(1) Sで引いたくじをもとに戻す。
　(2) Sで引いたくじをもとに戻さない。

☑ **107** 大小2個のさいころを投げるとき，大は6の約数の目，小は奇数の目が出る確率を求めよ。

☑***108** 1個のさいころを2回投げるとき，次の確率を求めよ。
　(1) すべて2以下の目が出る確率
　(2) 1回目に4，2回目に3の倍数の目が出る確率

☑***109** 袋Aには白玉7個，赤玉4個，袋Bには白玉6個，赤玉5個が入っている。袋Aから1個，袋Bから2個の玉を同時に取り出すとき，3個とも白玉である確率を求めよ。

☑ **110** 白玉2個，黒玉3個が入っている袋から1個の玉を取り出し，色を調べてからもとに戻すことを3回行うとき，次の確率を求めよ。
　(1) 白，黒，白の順に出る確率
　*(2) 3回目に初めて白が出る確率

☑***111** 袋の中に赤玉6個，白玉4個が入っている。この袋の中から玉を1個取り出し，これをもとに戻してから，更に玉を1個取り出すとき，2回続けて同じ色の玉が出る確率を求めよ。

☑ **Aの まとめ** **112** 箱Aには赤玉3個，白玉5個の計8個の玉が，箱Bには当たりくじ2本を含む計10本のくじが入っている。箱Aから玉1個を取り出し，箱Bからは3本のくじを引くとき，赤玉が出て，かつくじは1本も当たらない確率を求めよ。

独立な試行の確率

例題 12

A, B, C の 3 人が数学の試験で 60 点以上の点数をとる確率は それぞれ $\frac{4}{5}$, $\frac{3}{4}$, $\frac{2}{3}$ であるという。この 3 人が数学の試験を 受けたとき, 少なくとも 2 人が 60 点以上の点数をとる確率を 求めよ。

指針 **3 つの独立な試行の確率** 3 つの独立な試行 T_1, T_2, T_3 において, T_1 では事象 A が起こり, T_2 では事象 B が起こり, T_3 では事象 C が起こるという事象を D と すると $P(D) = P(A)P(B)P(C)$

解答 A, B, C が数学の試験を受ける試行は, それぞれ独立である。
A, B, C が試験で 60 点より低い点数をとる確率は

$$\text{A} : 1 - \frac{4}{5} = \frac{1}{5} \qquad \text{B} : 1 - \frac{3}{4} = \frac{1}{4} \qquad \text{C} : 1 - \frac{2}{3} = \frac{1}{3}$$

少なくとも 2 人が 60 点以上の点数をとるということは, 3 人のうちの 1 人が 60 点 より低い点数であるか, または, 3 人とも 60 点以上の点数であるから, 求める確 率は

$$\frac{4}{5} \times \frac{3}{4} \times \frac{1}{3} + \frac{4}{5} \times \frac{1}{4} \times \frac{2}{3} + \frac{1}{5} \times \frac{3}{4} \times \frac{2}{3} + \frac{4}{5} \times \frac{3}{4} \times \frac{2}{3}$$

$$= \frac{1}{5 \cdot 4 \cdot 3}(12 + 8 + 6 + 24) = \frac{50}{5 \cdot 4 \cdot 3} = \frac{5}{6} \quad \boxed{答}$$

B

☑*113 箱Aには白玉 5 個, 黒玉 1 個, 赤玉 1 個が入っており, 箱Bには白玉 3 個, 赤玉 2 個が入っている。箱 A, 箱Bから玉を 2 個ずつ取り出すとき, 白玉 3 個, 赤玉 1 個が出る確率を求めよ。

☑*114 A, B の 2 人が射撃で的に当てる確率はそれぞれ $\frac{1}{4}$, $\frac{2}{3}$ である。2 人が 1 回ずつ射撃を行うとき, 次の確率を求めよ。
(1) 2 人がともに的に当てる確率
(2) 1 人だけが的に当てる確率
(3) 少なくとも 1 人が的に当てる確率

☑ 115 A, B, C の 3 人がじゃんけんをするとき, 次の確率を求めよ。
(1) 1 回のじゃんけんでBだけ勝つ確率
(2) 1 回のじゃんけんで誰も勝たない確率
(3) 勝者 1 人が決まるまでじゃんけんを繰り返すとき, Aが 2 回目で勝者と なる確率

9 反復試行の確率

1 反復試行の確率

1回の試行で事象Aが起こる確率をpとする。この試行をn回繰り返し行うとき，事象Aがちょうどr回起こる確率は

$$_nC_r p^r (1-p)^{n-r}$$

注意 一般に，正の数aに対して，$a^0 = 1$と定める。

■■A■■

☑*116 1個のさいころを3回続けて投げるとき，次の確率を求めよ。
  (1) 2の目がちょうど2回出る確率
  (2) 3の倍数の目がちょうど1回出る確率

☑ 117 1枚の硬貨をAさんは4回，Bさんは5回続けて投げる。このとき，表の出る回数がAさんは3回，Bさんは2回である確率を求めよ。

☑*118 1枚の硬貨を6回続けて投げるとき
  (1) 1回目，3回目，6回目の3度だけ表が出る確率を求めよ。
  (2) 3度目の表が6回目に出る確率を求めよ。

☑*119 赤玉2個，白玉1個が入っている袋から玉を1個取り出し，色を調べてからもとに戻す。この試行を5回続けて行うとき，4回以上赤玉が出る確率を求めよ。

☑ 120 1枚の硬貨を7回続けて投げるとき，次の確率を求めよ。
  (1) ちょうど4回表が出る確率
  *(2) 少なくとも2回表が出る確率

☑ 121 ○か×で答えるクイズが10題ある。1題ごとに硬貨を投げて，表が出たら○，裏が出たら×と答えるとき，7題以上正解になる確率を求めよ。

☑ ■Aの■ 122 1個のさいころを4回続けて投げるとき，次の確率を求めよ。
  まとめ
  (1) 2回だけ1の目が出る確率
  (2) 4回目に2度目の1の目が出る確率
  (3) 1の目が3回以上出る確率

反復試行の確率

例題 13　AとBがテニスの試合を行うとき，各ゲームでAが勝つ確率は $\dfrac{2}{3}$ であり，引き分けはないものとする。3ゲームを先取した方が試合の勝者になるとき，Aが勝者になる確率を求めよ。

指針　Aのゲームの勝敗数によって場合を分ける。いずれの場合も，最後のゲームはAが勝つことに注意。

解答　Aが勝者になるのは，次の [1]～[3] の場合がある。

[1]　3連勝の場合

その確率は　$\left(\dfrac{2}{3}\right)^3 = \dfrac{8}{27}$

[2]　3勝1敗の場合

3ゲーム目終了までにAが2回，Bが1回勝ち，4ゲーム目でAが勝てばよいから，その確率は　${}_3C_2 \left(\dfrac{2}{3}\right)^2 \left(\dfrac{1}{3}\right) \times \dfrac{2}{3} = \dfrac{8}{27}$

[3]　3勝2敗の場合

4ゲーム目終了までにAが2回，Bが2回勝ち，5ゲーム目でAが勝てばよいから，その確率は　${}_4C_2 \left(\dfrac{2}{3}\right)^2 \left(\dfrac{1}{3}\right)^2 \times \dfrac{2}{3} = \dfrac{16}{81}$

[1]～[3] は互いに排反であるから，求める確率は

$$\dfrac{8}{27} + \dfrac{8}{27} + \dfrac{16}{81} = \dfrac{\mathbf{64}}{\mathbf{81}}　\textbf{答}$$

123 白玉3個，赤玉6個が入っている袋から1個の玉を取り出し，色を調べてからもとに戻すという試行を7回続けて行う。このとき，4回目に2度目の赤玉が出て，7回目に4度目の白玉が出る確率を求めよ。

*124 赤玉1個，白玉2個，青玉3個が入っている袋から1個の玉を取り出し，色を調べてからもとに戻すという試行を5回続けて行う。このとき，赤玉が1回，白玉が2回，青玉が2回出る確率を求めよ。

*125 直線上に点Pがあり，1枚の硬貨を投げて，表が出たら右に2m，裏が出たら左に2mだけ進む。硬貨を6回続けて投げるとき，次の確率を求めよ。
  (1) 点Pがもとの位置から右に4mだけ進んだ位置にくる
  (2) 点Pがもとの位置に戻る

10 条件付き確率

> ### 1 条件付き確率
> 事象Aが起こったときに，事象Bが起こる確率 $P_A(B)$ は
> $$P_A(B)=\frac{n(A\cap B)}{n(A)}=\frac{P(A\cap B)}{P(A)}$$
> ### 2 確率の乗法定理
> 事象A，Bがともに起こる確率 $P(A\cap B)$ は
> $$P(A\cap B)=P(A)P_A(B)$$

☐ *126 血液型がA型，B型である 100 人を調べると，男子 50 人，女子 50 人で，A型は男子 30 人，女子 25 人であった。次の確率を求めよ。
  (1) 選ばれた 1 人が女子のとき，その人がA型である確率
  (2) 選ばれた 1 人がB型のとき，その人が男子である確率

☐ *127 当たりくじ 4 本を含む 20 本のくじがある。引いたくじはもとに戻さないで，A，B の 2 人がこの順に 1 本ずつくじを引く。
  (1) A，B が 2 人とも当たる確率を求めよ。
  (2) A が当たり，B がはずれる確率を求めよ。

☐ 128 ある試行における事象A，Bについて，次の確率を求めよ。
  *(1) $P(A\cap B)=0.2$, $P(A)=0.4$, $P(B)=0.5$ のとき $P_A(B)$, $P_B(A)$
  (2) $P_A(B)=0.4$, $P(A\cap B)=0.2$ のとき $P(A)$

☐ **A の まとめ** 129 (1) 白玉 4 個，赤玉 6 個が入っている袋から，玉を 1 個取り出し，それをもとに戻さないで，続いてもう 1 個を取り出す。最初の玉が白であるという事象をA，2 回目の玉が赤であるという事象をBとする。次の確率を求めよ。
  (ア) $P_A(B)$　　　(イ) $P_A(\overline{B})$　　　(ウ) $P_{\overline{A}}(\overline{B})$
  (2) 当たりくじ 4 本を含む 20 本のくじがある。引いたくじはもとに戻さないで，A，B，C の 3 人がこの順に 1 本ずつくじを引く。
  (ア) B が当たる確率を求めよ。
  (イ) A と B では当たる確率はどちらが高いか。
  (ウ) C がはずれる確率を求めよ。

■■条件付き確率

例題 **14**

3つの箱 A，B，C には，それぞれ赤玉が2個，赤玉と白玉が1個ずつ，白玉が2個入っている。3つの箱から1つの箱を選んで1個の玉を取り出したところ，赤玉であった。このとき，選んだ箱の中のもう1つの玉が赤玉である確率を求めよ。

┃指針┃ **条件付き確率** 赤玉2個が入った箱はAだけであるから，求める確率は $\dfrac{1}{3}$ などとするのは誤り。求めるものは，取り出した1個の玉が赤玉であったときに，もう1つの玉が赤玉である条件付き確率である。

┃解答┃ 1つの箱を選んで玉を1個取り出す方法の総数は
$$3 \times 2 = 6 \text{(通り)}$$
取り出した1個の玉が赤玉であるという事象をA，箱の中のもう1つの玉が赤玉であるという事象をBとすると，求める確率は
$$P_A(B) = \frac{P(A \cap B)}{P(A)}$$
Aの起こる場合は，箱Aの2個の赤玉と箱Bの1個の赤玉について　3通り
$A \cap B$の起こる場合は，箱Aの2個の赤玉について　2通り
よって　$P(A) = \dfrac{3}{6}$，$P(A \cap B) = \dfrac{2}{6}$　　ゆえに　$P_A(B) = \dfrac{2}{6} \div \dfrac{3}{6} = \dfrac{2}{3}$ **答**

┃別解┃ $n(A) = 3$，$n(A \cap B) = 2$ であるから　$P_A(B) = \dfrac{n(A \cap B)}{n(A)} = \dfrac{2}{3}$ **答**

☐*130　白玉4個，赤玉2個が入っている袋から，1個ずつ続けて2個の玉を取り出し，1番目の玉は色を見ないで箱の中にしまった。2番目の玉が赤玉であるとき，1番目の玉が赤玉である確率を求めよ。

☐ 131　10本のくじの中に当たりくじが2本ある。引いたくじをもとに戻さないで，A，B，C の3人がこの順に1本ずつ引くとき，次の問いに答えよ。
　(1)　Cが当たる確率を求めよ。
　(2)　次の文のうち，正しいものを1つ選べ。
　　　①　Aが最も当たりやすい。　　②　Bが最も当たりやすい。
　　　③　Cが最も当たりやすい。　　④　3人とも当たりやすさは同じ。

☐ 132　ジョーカーを含めた1組53枚のトランプがある。次の確率を求めよ。
　(1)　4枚のカードを続けて引いたところ，すべてハートであった。残りのカードから2枚を引くとき，ダイヤが2枚出る確率
　(2)　カードを1枚ずつ引くとき，10枚目にジョーカーが出る確率

■ 原因の確率

例題 15　10本のくじの中に当たりが2本ある。引いたくじはもとに戻さないで，A，Bの2人がこの順に1本ずつくじを引く。Bがはずれたとき，Aが当たっている確率を求めよ。

指針　**原因の確率**　求める確率は $P_{\overline{B}}(A)$ と表される。$P(A \cap \overline{B})$，$P(\overline{B})$ を考える。

解答　A，Bが当たるという事象をそれぞれ A，B とする。

[1]　Aが当たり，Bがはずれる確率

$$P(A \cap \overline{B}) = P(A)P_A(\overline{B}) = \frac{2}{10} \cdot \frac{8}{9} = \frac{8}{45}$$

[2]　Bがはずれる確率

$$P(\overline{B}) = P(A \cap \overline{B}) + P(\overline{A} \cap \overline{B}) = P(A)P_A(\overline{B}) + P(\overline{A})P_{\overline{A}}(\overline{B})$$

$$= \frac{2}{10} \cdot \frac{8}{9} + \frac{8}{10} \cdot \frac{7}{9} = \frac{4}{5}$$

よって，求める確率は　　$P_{\overline{B}}(A) = \frac{P(A \cap \overline{B})}{P(\overline{B})} = \frac{8}{45} \div \frac{4}{5} = \frac{2}{9}$ 　答

参考　事象Bが起こった原因が事象Aである確率 $P_B(A)$ は

$$P_B(A) = \frac{P(A \cap B)}{P(B)} = \frac{P(A)P_A(B)}{P(A \cap B) + P(\overline{A} \cap B)}$$

$$= \frac{P(A)P_A(B)}{P(A)P_A(B) + P(\overline{A})P_{\overline{A}}(B)}$$

これを **ベイズの定理** という。

☑*133　白玉4個，赤玉3個が入った袋から2個の玉を同時に取り出し，もとに戻さないで，更に1個の玉を取り出す。このとき，次の確率を求めよ。

(1)　初めの2個が同色である確率

(2)　初めの2個が同色で，かつ次の1個が赤である確率

(3)　初めの2個が同色のとき，次の1個が赤である確率

☑*134　ある製品を製造する工場 A，B があり，Aの製品には5％，Bの製品には3％の不良品が含まれている。A工場の製品200個とB工場の製品300個をよく混ぜ，その中から1個を取り出すとき，次の確率を求めよ。

(1)　A工場の不良品である確率

(2)　不良品である確率

(3)　不良品であったとき，A工場の製品である確率

11 期 待 値

1 期待値

変量 X のとり得る値を x_1, x_2, ……, x_n とし，
X がこれらの値をとる確率を，それぞれ p_1, p_2,
……, p_n とすると，X の期待値 E は
$$E = x_1 p_1 + x_2 p_2 + \cdots\cdots + x_n p_n$$
　　　　ただし　$p_1 + p_2 + \cdots\cdots + p_n = 1$

X の値	x_1	x_2	$\cdots$	x_n	計
確率	p_1	p_2	$\cdots$	p_n	1

■■A■■

☑ **135** 7枚のカード 3 3 4 6 6 6 7 から1枚を引くとき，カードの数字の期待値を求めよ。

☑***136** 2個のさいころを同時に投げるとき，出る目の差の絶対値の期待値を求めよ。

☑***137** 白玉4個，赤玉3個が入っている袋から1個の玉を取り出し，色を調べてからもとに戻すという試行を3回続けて行うとき，赤玉の出る回数の期待値を求めよ。

☑ **Aの まとめ** **138** 次の [1]，[2]，[3] の中で，得られる金額の期待値が最も大きいのはどれか。
[1]　確実に 300 円得られる場合
[2]　硬貨を2枚投げて，表が出たら，400 円に表の枚数を掛けた金額が得られる場合
[3]　さいころを1回投げて，100 円に出た目を掛けた金額が得られる場合

■■B■■

☑***139** 製品10個の中に3個の不良品が含まれている。この中から同時に2個を取り出すとき，2個の中に含まれる不良品の個数の期待値を求めよ。

☑ **140** 4人で1回だけじゃんけんをする。このじゃんけんにおける勝者の人数の期待値を求めよ。

■■ ゲームの損得

例題 16

1個のさいころを1回投げて，出た目の数だけ10円硬貨を受け取るゲームがある。参加料が40円のとき，このゲームに参加することは得であるといえるか。

■指針■ **ゲームの損得** 賞金額の期待値が参加料より大きいときに得であると判定する。

| 解答 | ゲームに参加したときの賞金額の期待値は

$$10 \times \frac{1}{6} + 20 \times \frac{1}{6} + 30 \times \frac{1}{6} + 40 \times \frac{1}{6} + 50 \times \frac{1}{6} + 60 \times \frac{1}{6} = 35 \ (円)$$

これは参加料より小さいから，参加することは **得であるとはいえない。** 答

141 A，Bの2つのチームが試合を行い，先に4勝したチームを優勝とする。AとBの力は互角であり，試合には引き分けがないとき，どちらかのチームが優勝するまでの試合数の期待値を求めよ。

*142 1から5までの番号をつけた5枚のカードから同時に3枚を取り出し，番号の和の枚数だけ10円を受け取るゲームがある。このゲームの参加料が80円であるとき，このゲームに参加することは得であるといえるか。

*143 1，2，4，6の目が出る確率がそれぞれ p であり，3，5の目が出る確率がそれぞれ q であるさいころがある。このさいころを1回投げるときの出る目の期待値が $\dfrac{15}{4}$ となるように，p，q の値を定めよ。

■■■ **発展** ■■■

144 1辺の長さが1である2つの正方形 ABCD，BEFC が右の図のように辺 BC を共有している。この6個の頂点から異なる3個を選び，それらの点を頂点とする三角形を作る。選んだ3個の頂点が一直線上にある場合は，面積0の三角形と考える。

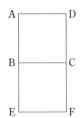

(1) 三角形の面積が0となる確率を求めよ。

(2) 三角形の面積の期待値を求めよ。

12 第1章　演習問題

同じものを含む円順列

例題 17

青玉4個，白玉3個，黒玉1個がある。

(1) これらを円形に並べる方法は何通りあるか。

(2) (1)の円の中心を通る直線に関して対称な円順列は何通りあるか。

(3) これらの玉にひもを通して輪を作る方法は何通りあるか。

指針 **円順列** まず1個を固定して考える。黒玉を固定すると考えやすい。

輪の順列 対称な円順列とそうでない円順列に分けて考える。

解答 (1) 黒玉1個を固定すると，残り青玉4個と白玉3個の順列に等しい。

よって　$\dfrac{7!}{4!3!}=35$ (通り)　**答**

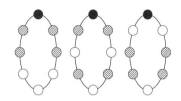

(2) (1)のうち，左右対称であるものは
右の図から　**3通り**　**答**

(3) 輪の場合，左右対称である円順列は
裏返すと自分自身と一致するから1個
と数える。

一方，左右対称でない円順列の1つ1つに対して，裏返すと一致するものが他に
必ず1つある。

よって　$3+\dfrac{35-3}{2}=19$ (通り)　**答**

B

☐ **145** 4人の生徒は，それぞれ赤，青，黄，緑の異なる色のシャツを着ている。こ
こに，赤，青，黄，緑の色のカードが1枚ずつ計4枚ある。次の場合は何通
りあるか。

(1) 4人がすべて自分の着ているシャツと異なる色のカードをもつ場合

(2) 2人のみが自分の着ているシャツと同じ色のカードをもつ場合

発展

☐ **146** 赤玉6個，青玉5個，黄玉1個がある。次の場合は何通りあるか。

(1) これらを1列に並べる方法

(2) これらを円形に並べる方法

(3) これらの玉にひもを通して輪を作る方法

■■ 確率の最大値

例題 18　1個のさいころを21回投げるとき，6の目は何回出る可能性が最も大きいか。

指針　**確率の最大値**　6の目が k 回出る確率を P_k として $\dfrac{P_{k+1}}{P_k}$ と1との大小関係を調べる。$P_k>0$ であるから　$\dfrac{P_{k+1}}{P_k}>1$ ならば $P_{k+1}>P_k$，

$\dfrac{P_{k+1}}{P_k}=1$ ならば $P_{k+1}=P_k$，　$\dfrac{P_{k+1}}{P_k}<1$ ならば $P_{k+1}<P_k$

解答　6の目が k 回出る確率を P_k とすると

$$P_k={}_{21}\mathrm{C}_k\left(\frac{1}{6}\right)^k\left(\frac{5}{6}\right)^{21-k}\quad(0\leqq k\leqq21)$$

よって　$\dfrac{P_{k+1}}{P_k}-1=\dfrac{{}_{21}\mathrm{C}_{k+1}}{5\cdot{}_{21}\mathrm{C}_k}-1=\dfrac{21-k}{5(k+1)}-1=\dfrac{16-6k}{5(k+1)}$

ゆえに，$0\leqq k\leqq2$ のとき　　$P_{k+1}>P_k$，

$3\leqq k\leqq20$ のとき　　$P_{k+1}<P_k$

すなわち　$P_0<P_1<P_2<P_3>P_4>\cdots\cdots>P_{20}>P_{21}$

したがって，6の目は **3回** 出る可能性が最も大きい。**答**

☑ **147** (1)　製品10個の中に3個の不良品が含まれている。この中から4個を取り出すとき，2個が不良品である確率を求めよ。

(2)　不良品が30％の製品が多数ある。この中から4個を取り出すとき，2個が不良品である確率を求めよ。

☑ **148**　本当のことをいう確率が80％の人が3人いる。1枚の硬貨を投げたところ，3人とも「表が出た」と証言した。本当に表が出た確率を求めよ。

☑ **149**　1個のさいころを100回投げるとき，1の目がちょうど k 回出る確率を P_k とする。

(1)　比 $\dfrac{P_k}{P_{k-1}}$ の値を k の式で表せ。ただし，$1\leqq k\leqq100$ とする。

(2)　1の目は何回出る可能性が最も大きいか。

☑ **150**　白玉15個，黒玉 n 個が入っている袋から同時に3個の玉を取り出すとき，白玉2個，黒玉1個が出る確率を P_n とする。

(1)　P_n を n を用いて表せ。

(2)　P_n の最大値と，そのときの n の値を求めよ。

正誤を問う問題

例題 19

次のようなAさんの考えは正しいかどうかをいえ。

「さいころを何回か投げるとき，各回に1の目が出る確率は $\dfrac{1}{6}$ である。よって，6回投げるとき少なくとも1回は1の目が出る確率は $\dfrac{1}{6}+\dfrac{1}{6}+\dfrac{1}{6}+\dfrac{1}{6}+\dfrac{1}{6}+\dfrac{1}{6}=1$ である。」

指針 **推論の仕方** Aさんは $\dfrac{1}{6}+\dfrac{1}{6}+\dfrac{1}{6}+\dfrac{1}{6}+\dfrac{1}{6}+\dfrac{1}{6}=1$ としているところから，加法定理を利用しているようだ。しかし，各事象が互いに排反でなければ，加法定理は成り立たない。

解答 k 回目に1の目が出る事象を A_k $(1\leqq k\leqq6)$ とすると

$$P(A_1)=\frac{1}{6}, \ \ P(A_2)=\frac{1}{6}, \ \ \cdots\cdots, \ \ P(A_6)=\frac{1}{6} \ \ \cdots\cdots ①$$

ところで，1回目に1の目が出て，2回目にも1の目が出ることがあるから

$$A_1\cap A_2\neq\varnothing$$

よって　　$P(A_1\cup A_2)\neq P(A_1)+P(A_2)$

以下同様にすると

$$P(A_1\cup A_2\cup\cdots\cdots\cup A_6)\neq P(A_1)+P(A_2)+\cdots\cdots+P(A_6) \ \ \cdots\cdots ②$$

6回投げたとき，少なくとも1回1の目が出る確率は

$$P(A_1\cup A_2\cup\cdots\cup A_6)$$

と表されるが，①，② から　　$P(A_1\cup A_2\cup\cdots\cup A_6)\neq1$

したがって，**Aさんの考えは正しくない。** **答**

参考 さいころを6回投げるとき，1回も1の目が出ない確率は $\left(\dfrac{5}{6}\right)^6$ であるから，少なくとも1回は1の目が出る確率は $1-\left(\dfrac{5}{6}\right)^6$ である。

B

□ **151** 次の推論は正しいか。

「1から100までの番号の書いた100枚のカードがある。この中から1枚のカードを取り出すとき，2の倍数のカードを取り出す事象をA，3の倍数のカードを取り出す事象をBとすると，6の倍数のカードを取り出す事象は $A\cap B$ で表される。したがって，6の倍数のカードを取り出す確率は

$$P(A\cap B)=P(A)P(B)=\frac{50}{100}\times\frac{33}{100}=\frac{33}{200} \text{ である。」}$$

□ **152** 1個のさいころを何回か投げて，最後に出た目を得点とする。最高2回まで投げられる場合，1回目に出た目によって2回目を投げるか否かをどのように決めるのが有利か。

第2章　図形の性質

13　三角形の辺の比

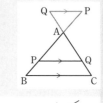

1 平行線の性質

PQ∥BC ⟺ AP：AB＝AQ：AC
　　　　　⟺ AP：PB＝AQ：QC
PQ∥BC ⟹ AP：AB＝PQ：BC

2 角の二等分線と比

① △ABC の ∠A の二等分線と辺 BC との交点P
は，辺 BC を AB：AC に内分する。
② AB≠AC である △ABC の頂点Aにおける外角
の二等分線と辺 BC の延長との交点Qは，辺 BC を
AB：AC に外分する。

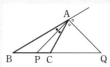

A

153 下の図の線分 AB について，次の点を記入せよ。

*(1) 3：2 に内分する点P 　　(2) 3：2 に外分する点Q

(3) 2：3 に内分する点R 　　*(4) 2：3 に外分する点S

*154 下の図において，x，y の値を求めよ。

(1)

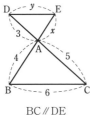

BC∥DE

(2)

$l∥m∥n$

(3)

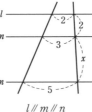

∠BAD＝∠DAC，
∠CAE＝∠EAF

155 △ABC において，AB＝AC のとき，頂角Aにおける外角の二等分線と辺
BC は平行になることを証明せよ。

Aの まとめ **156** 右の図において，
∠ABF＝∠FBD，∠CAD＝∠DAG
のとき，EC，CD，AF：FD の値を
求めよ。

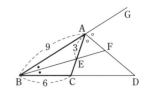

■ 角の二等分線と線分の比

例題 20

△ABC の辺 BC の中点を M，∠AMB の二等分線と AB の交点をDとする。Dを通り BC に平行な直線と AC の交点をEとするとき，∠AME＝∠EMC であることを証明せよ。

指針 **角の二等分線** どの三角形に着目するかを考える。

解答 △ABM において　　　MA：MB＝AD：DB　……①
DE∥BC から　　　　　AD：DB＝AE：EC　……②
MB＝MC であるから，① は
　　　MA：MC＝AD：DB　……①′
と表される。
①′，② から　　　MA：MC＝AE：EC
したがって　　　　∠AME＝∠EMC　**終**

参考 △ABC の辺 BC 上の点をPとすると，次のことが成り立つ。
　　　AB：AC＝BP：PC ⟺ ∠BAP＝∠PAC

■■■ **B** ■■■

☐***157** 平行四辺形 ABCD の辺 AB，CD の中点をそれぞれ E，F とし，ED，BF と対角線 AC の交点をそれぞれ G，H とするとき，AG：GH：HC を求めよ。

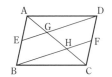

☐***158** 台形 ABCD の底辺 AD，BC に平行な直線が，辺 AB，CD，対角線 BD，AC と交わる点をそれぞれ P，Q，R，S とする。PR＝2 のとき，QS の長さを求めよ。

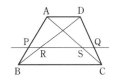

☐ **159** 平行四辺形 ABCD の対角線のなす角を 2 等分する 2 直線が辺 AB，BC，CD，DA と交わる点をそれぞれ E，F，G，H とする。
(1) AE・FB＝CF・EB であることを証明せよ。
(2) 四角形 EFGH の各辺は AC または BD に平行であることを証明せよ。

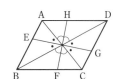

☐***160** AD∥BC，AB＝2CD である台形 ABCD において，辺 AD，BC を 2：1 に内分する点をそれぞれ E，F とする。
(1) 3直線 AB，EF，CD は1点Pで交わることを証明せよ。
(2) ∠APE＝∠DPE であることを証明せよ。

14 三角形の外心，内心，重心

1 外心，内心，重心，垂心，傍心 三角形において
① **外心** 3つの辺の垂直二等分線の交点
外接円の中心（3つの頂点から等距離にある）
② **内心** 3つの内角の二等分線の交点
内接円の中心（3つの辺から等距離にある）
③ **重心** 3つの中線の交点。重心は各中線を 2:1 に内分する。
④ **垂心** 3つの頂点から対辺またはその延長に下ろした垂線の交点
⑤ **傍心** 1つの内角の二等分線と他の2つの外角の二等分線の交点

■■A■■

☐***161** △ABC の外心を O，内心を I とする。下の図の α，β の大きさを求めよ。

(1)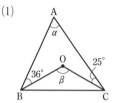

(2)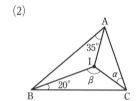

☐ **162** AB=3，AC=4，∠A=90° の直角三角形 ABC がある。この三角形の外心を O とするとき，AO の長さを求めよ。

☐***163** AB=10，BC=7，CA=4 である △ABC の内心を I とする。AI と辺 BC の交点を D とするとき，BD:DC，AI:ID をそれぞれ求めよ。

☐***164** △ABC において，辺 BC の中点を D，辺 AC の中点を E とし，線分 AD と線分 BE の交点を F とする。△ABC の面積を S とするとき，△ABD，△ABF の面積をそれぞれ S で表せ。

☐ **165** 平行四辺形 ABCD において，△ABC の重心を G_1，△ACD の重心を G_2 とする。G_1，G_2 は対角線 BD 上にあることを証明せよ。

☐ **Aのまとめ 166** △ABC の内心を I とし，3辺 BC，CA，AB に関して I と対称な点をそれぞれ P，Q，R とする。このとき，I は △PQR についてどのような点であるか。

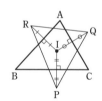

■ 図形の垂直の証明

例題 21　鋭角三角形 ABC の外心をOとし，3辺BC，CA，ABに関してOと対称な点をそれぞれ P，Q，R とする。このとき，OP⊥QR であることを証明せよ。

指針　**図形の性質を利用**　外心 ⟶ OA＝OB（二等辺三角形の性質）
　　　　⟶ AD＝DB ⟶ 平行四辺形の性質 ⟶ AO＝RB，AO∥RB
　　　　同様にして　AO＝QC，AO∥QC ⟶ 四角形 RBCQ は平行四辺形

解答　OR と AB の交点をDとすると OA＝OB，OR⊥AB
であるから　　　AD＝DB
よって，四角形 RBOA は平行四辺形である。
ゆえに　　　　RB∥AO，RB＝AO　……①
同様にして　　AO∥QC，AO＝QC　……②
①，②から　　RB∥QC，RB＝QC
四角形 RBCQ は平行四辺形であるから　　RQ∥BC
OP⊥BC であるから　　OP⊥QR　**終**

参考　同様にして，OQ⊥RP，OR⊥PQ がいえる。
よって，△ABC の外心Oは，△PQR の垂心でもある。

■■■ B ■■■

☐ **167**　外心と内心が一致する三角形は正三角形である。このことを証明せよ。

☐ *****168**　平行四辺形 ABCD の辺 BC，CD の中点をそれぞれ E，F とするとき，AE，AF は線分 BD を 3 等分することを証明せよ。

☐ *****169**　△ABC において，内心を I とするとき，BI と辺 AC との交点をD，CI と辺 AB との交点をEとする。BI：ID＝3：1，CI：IE＝2：1であるとき，△ABC の 3 辺の長さの比を求めよ。

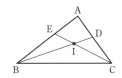

☐ **170**　△ABC の内心を I とし，∠A 内の傍心を I_1 とする。
　(1)　∠IBI_1 の大きさを求めよ。
　(2)　△ABC の外接円は線分 II_1 を 2 等分することを証明せよ。

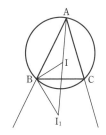

・・・・・・・・・・
ヒント **170** (2)　△ABC の外接円と線分 II_1 の交点をDとすると，∠DBI＝∠DIB，
　　　∠DBI_1＝∠DI_1B となることを示す。

15 チェバの定理, メネラウスの定理

1 チェバの定理

① **チェバの定理** △ABC の辺上にもその延長上にもない点 O がある。頂点 A, B, C と O を結ぶ直線 AO, BO, CO が, 向かい合う辺 BC, CA, AB またはその延長と, それぞれ点 P, Q, R で交わるとき

$$\frac{BP}{PC} \cdot \frac{CQ}{QA} \cdot \frac{AR}{RB} = 1$$

② **チェバの定理の逆** △ABC の辺 BC, CA, AB またはその延長上に, それぞれ点 P, Q, R があり, この3点のうち, 1個または3個が辺上にあるとする。このとき, BQ と CR が交わり, かつ $\dfrac{BP}{PC} \cdot \dfrac{CQ}{QA} \cdot \dfrac{AR}{RB} = 1$ が成り立てば, 3直線 AP, BQ, CR は1点で交わる。

2 メネラウスの定理

① **メネラウスの定理** △ABC の辺 BC, CA, AB またはその延長が, 三角形の頂点を通らない1つの直線 ℓ と, それぞれ点 P, Q, R で交わるとき

$$\frac{BP}{PC} \cdot \frac{CQ}{QA} \cdot \frac{AR}{RB} = 1$$

② **メネラウスの定理の逆** △ABC の辺 BC, CA, AB またはその延長上に, それぞれ点 P, Q, R があり, この3点のうち, 1個または3個が辺の延長上にあるとする。このとき, $\dfrac{BP}{PC} \cdot \dfrac{CQ}{QA} \cdot \dfrac{AR}{RB} = 1$ が成り立てば, 3点 P, Q, R は一直線上にある。

A

☐ **171** 右の図において, 次の値を求めよ。

(1) $\dfrac{\triangle ABE}{\triangle ABC}$　　(2) $\dfrac{\triangle ABP}{\triangle ABC}$

(3) $\dfrac{\triangle PAB}{\triangle PAC}$　　(4) $\dfrac{\triangle PAC}{\triangle ABC}$

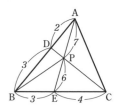

☐ *172 右の図において, BP : PC を求めよ。

(1)

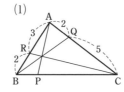

(2)

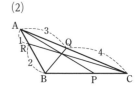

□***173** 下の図において，次の比を求めよ。

(1) AR：RB

(2) BP：PE と CP：PD

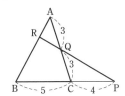

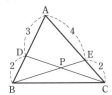

□ **174** △ABC の辺 BC の中点をMとし，線分 AM 上に点Oをとる。2 直線 BO，CO と辺 AC，AB との交点をそれぞれ Q，R とするとき，QR∥BC であることを証明せよ。

□ ▊**A**の▊ **175** 右の図において，3 直線 AP，BQ，CR
　　まとめ　　は 1 点Oで交わっている。

　　　　　　　AR：RB＝3：2，AO：OP＝7：2 である
　　　　　　　とき，次の比を求めよ。

　　　　　　　(1) BP：PC　　(2) AQ：QC

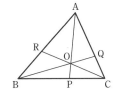

□ **176** △ABC の内部の点Oと 3 頂点を結ぶ直線が対辺 BC，CA，AB と交わる点をそれぞれ D，E，F とし，EF が辺 BC の延長と交わる点をGとする。このとき，BD：DC＝BG：GC であることを証明せよ。

□***177** △ABC の辺 AB を 2：3 に内分する点をR，辺 AC を 5：6 に内分する点をQとする。線分 BQ と線分 CR の交点をOとする。直線 AO と辺 BC の交点をPとする。

　　(1) BP：PC を求めよ。　　　　(2) △OBC：△ABC を求めよ。

□ **178** △ABC の辺 AB を 2：1 に内分する点をD，辺 AC を 3：1 に内分する点をEとする。直線 DE と BC の交点をPとする。

　　(1) BP：PC を求めよ。　　　　(2) DP：PE を求めよ。

16 三角形の辺と角

1 三角形の3辺の大小関係

① 1つの三角形において

2辺の長さの和は，他の1辺の長さより大きい。

2辺の長さの差は，他の1辺の長さより小さい。

② 三角形の3辺の長さが a, b, c であるとき　$|b-c|<a<b+c$

2 三角形の辺と角の大小関係

1つの三角形において

大きい辺に対する角は，小さい辺に対する角より大きい。

大きい角に対する辺は，小さい角に対する辺より大きい。

2つの三角形において

2辺の長さがそれぞれ等しいとき，そのはさむ角が大きい

方がその対辺が大きい。（証明は *p.*113 参照）

■A■

179 次の長さの線分を3辺とする三角形が存在するかどうかを調べよ。

(1)　3，4，6　　　　　　　*(2)　2，3，6

*(3)　5，7，8　　　　　　　(4)　4，5，9

180 △ABC において，次のものをそれぞれ調べよ。

*(1)　AB$=\sqrt{3}$，BC$=3$，CA$=2$ のとき，3つの角の大小

*(2)　∠A$=60°$，∠B$=40°$ のとき，3辺の長さの大小

(3)　AB$=4$，CA$=3$，∠A$=90°$ のとき，3つの角の大小

*181 △ABC の ∠A の二等分線と辺 BC の交点をD と

するとき，AB，BD の長さの大小を比べよ。

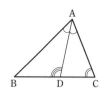

■Aの■
まとめ　**182** (1)　△ABC において，AB$=6$，BC$=7$，CA$=8$ のとき，3つの

角の大小を調べよ。また，∠A$=50°$，∠B$=60°$ のとき，3辺の

大小を調べよ。

(2)　△ABC において AB$>$AC とする。

辺 BC 上に頂点と異なる点Pをとるとき，

AB$>$AP であることを証明せよ。

(2)

三角形の辺の関係

例題 22

△ABC において，中線 AD を引く。∠ADB，∠ADC の二等分線が辺 AB，AC と交わる点をそれぞれ E，F とする。

(1) AD 上に DB＝DG となるように，点 G をとるとき，EB＝EG であることを証明せよ。

(2) EF＜BE＋CF であることを証明せよ。

指針　三角形の辺と角の大小関係　EF，BE，CF の長さを 3 辺にもつ三角形を見つける。

解答　(1)　△EBD と △EGD において，2 辺とその間の角がそれぞれ等しいから　　△EBD≡△EGD

よって　　EB＝EG　終

(2)　(1)と同様に，△FCD≡△FGD から　　FC＝FG

∠EGF＝∠B＋∠C＜180° から，G は直線 EF 上にはない。

△GEF において　　EF＜GE＋GF＝BE＋CF　終

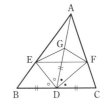

B

☐*183　△ABC において，AB＝5，AC＝8 のとき，辺 BC の長さのとりうる値の範囲を求めよ。

☐ 184　△ABC の辺 BC 上に点 D をとる。△ABD と △ADC に着目して 2AD＜AB＋BC＋CA であることを証明せよ。

☐*185　AB＞AC である △ABC において，∠A の二等分線と辺 BC の交点を D，線分 AD 上にある △ABC の内部の任意の点を P とする。

(1)　線分 AB 上に AC＝AE となる点 E をとるとき，PE＝PC であることを示せ。

(2)　△EBP に着目して，AB－AC＞PB－PC であることを証明せよ。

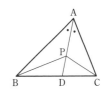

☐ 186　右の図において，点 P が線分 CD 上を動くとき，線分の和 AP＋PB の最小値とそのときの点 P の位置を求めよ。

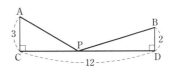

17 円に内接する四角形

■A■

□*187 下の図において，角 θ を求めよ。

(1)

(2)
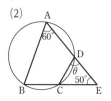

(3)
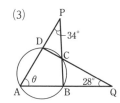

□ 188 次の四角形 ABCD のうち，円に内接するものを選べ。

(ア)
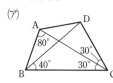

(イ)
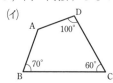

(ウ)
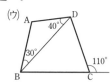

□*189 円に内接する四角形 ABCD がある。辺 AB，CD 上にそれぞれ点 E，F をとり，AD∥EF となるようにするとき，4点 B，C，F，E は1つの円周上にあることを証明せよ。

□ ■Aの■
まとめ 190 右の図において，
角 θ を求めよ。

(1)
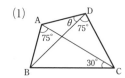

(2)
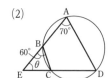

■ 平行 ← 錯角が等しい

例題 23

正三角形 ABC の辺 BA の延長上に点Dをとり，△DCE が正三角形となるように点Eをとる。ただし，E，C が直線 AB に関して同じ側にあるように点Eをとる。このとき，AE∥BC であることを証明せよ。

■指針■ **平行であることの証明**　4点 A，C，E，D が1つの円周上にあることを利用する。

解答　△ABC，△DCE は正三角形であるから
$$\angle BAC=\angle CED=60°$$
よって，四角形 ACED は円に内接する。
ゆえに　　$\angle CAE=\angle CDE=60°$
$\angle ACB=60°$ から　　$\angle ACB=\angle CAE$
したがって　　AE∥BC　■

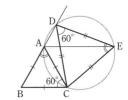

■ **B** ■

☐ **191** 正三角形 ABC において，辺 AB，AC 上に，それぞれ点 D，E をとり，BD＝AE となるようにする。BE と CD の交点をFとするとき，次のことを証明せよ。
(1)　∠BDC＝∠AEB
(2)　∠FDE＝∠FAE

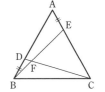

☐***192** 鋭角三角形 ABC の頂点Aから BC に下ろした垂線を AD とし，D から AB，AC に下ろした垂線をそれぞれ DE，DF とする。次のことを証明せよ。
(1)　四角形 AEDF は円に内接する。
(2)　四角形 BCFE は円に内接する。

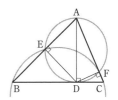

☐***193** 鋭角三角形 ABC において，辺 BC，CA，AB の中点を，それぞれ D，E，F とする。△AFE，△BDF，△CED の外接円は，どれも △ABC の外心Oを通ることを証明せよ。

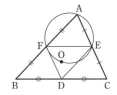

☐***194** CA＞CB である △ABC の ∠C の外角の二等分線と，この三角形の外接円の交点をDとするとき，AD＝BD であることを証明せよ。

18 円と直線

---

1 円の接線

① 円Oの周上の点Aを通る直線 ℓ について，次のことが成り立つ。

直線 ℓ は点Aで円Oに接する $\iff$ OA⊥ℓ

② 円の外部の1点からその円に引いた2つの接線の長さは等しい。

2 接線と弦の作る角

円Oの弦 AB と，その端点 A における接線 AT が作る角 ∠BAT は，その角の内部に含まれる弧 AB に対する円周角 ∠ACB に等しい。この逆も成り立つ。すなわち，円Oの弧 AB と半直線 AT が直線 AB に関して同じ側にあって，弧 AB に対する円周角 ∠ACB が ∠BAT に等しいとき，直線 AT は点Aで円Oに接する。

■A■

☐ **195** 下の図において，x の値を求めよ。

*(1)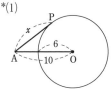

AP は円Oの接線

*(2)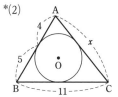

AB, BC, CA は
円Oの接線

(3)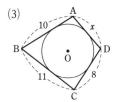

AB, BC, CD, DA は
円Oの接線

☐ **196** 下の図において，角 θ を求めよ。

*(1)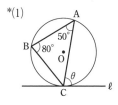

直線 ℓ は円Oの接線

(2)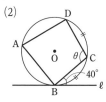

直線 ℓ は円Oの接線

*(3)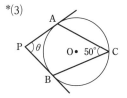

PA, PB は円Oの接線

☐ **Aの まとめ** **197** 下の図において，円Oは，∠A＝90° の直角三角形 ABC の内接円であり，点Pは辺 BC との接点である。

(1) 円Oの半径を r として，辺 AB, AC の長さを r で表せ。

(2) 円Oの半径を求めよ。

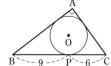

■二等辺三角形 ← 底角が等しい

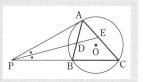

例題 24

△ABC の外接円Oがある。Aにおける接線がBCの延長と交わる点をPとする。

∠APB の二等分線が AB, AC と交わる点をそれぞれ D, E とするとき, △ADE は二等辺三角形であることを証明せよ。

指針 接線と弦の作る角の定理の利用 ∠APD＝∠CPE, ∠PAD＝∠ECB から, ∠ADE＝∠AED を示す。

解答 PE は ∠APB の二等分線であるから ∠APD＝∠CPE …… ①
また, PA は円Oの接線であるから ∠PAD＝∠ECB …… ②
∠ADE, ∠AED はそれぞれ △APD, △PCE の外角であるから
∠ADE＝∠APD＋∠PAD, ∠AED＝∠CPE＋∠ECB
①, ② から ∠ADE＝∠AED
よって, △ADE は AD＝AE の二等辺三角形である。 **終**

■■ B ■■

☐ *198 △ABC の ∠A の二等分線が辺 BC と交わる点をD とする。Dで辺 BC に接し, かつ点Aを通る円が辺 AB, AC と交わる点をそれぞれ E, F とするとき, EF∥BC であることを証明せよ。

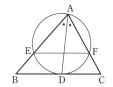

☐ 199 ∠B＝90° である直角三角形 ABC の辺 AB を直径とする円Oが, 斜辺 CA と交わる点をDとする。Dにおけるこの円Oの接線が BC と交わる点をE とするとき, ED＝EC であることを証明せよ。

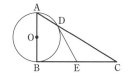

☐ *200 AB＞AC である △ABC の, 頂点Aにおける内角および外角の二等分線が辺 BC およびその延長と交わる点をそれぞれ D, E とし, DE の中点をOとする。
このとき, OA は △ABC の外接円に接することを証明せよ。

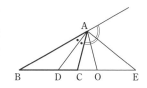

19 方べきの定理

1 方べきの定理

① 円の 2 つの弦 AB，CD の交点，またはそれらの延長の交点をPとすると
$$PA \cdot PB = PC \cdot PD$$
② 円の外部の点Pから円に引いた接線の接点をTとする。
Pを通る直線がこの円と 2 点 A，B で交わるとき　$PA \cdot PB = PT^2$

2 方べきの定理の逆

2 つの線分 AB と CD，または AB の延長と CD の延長が点Pで交わるとき，
$PA \cdot PB = PC \cdot PD$ が成り立つならば，4 点 A，B，C，D は 1 つの円周上にある。

■■A■■

☑*201　下の図において，x の値を求めよ。

(1)　　　　　　　　　　(2)　　　　　　　　　　(3)　Aは接点

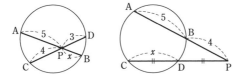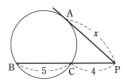

☑ 202　半径 5 の円Oの内部の点Pを通る弦 AB について，
$PA \cdot PB = 9$ のとき，線分 OP の長さを求めよ。

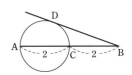

☑*203　長さが 4 である線分 AB の中点を C，線分 AC
を直径とする円に点Bから引いた接線の接点をD
とする。次のものを求めよ。

(1)　BD の長さ　　　(2)　AD：CD

(3)　AD，CD の長さ

☑ ■■Aの■■
まとめ 204　右の図において，
x，y の値を求めよ。

(1)　　　　　　　　(2)

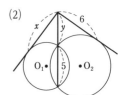

■ 線分の長さの等式

例題 25

ABを直径とする半円の周上に2点C，Dをとる。2直線AC，BDの交点をEとするとき，AE·AC+BE·BD=AB²であることを証明せよ。

■指針■ **方べきの定理の利用** △EBCの外接円と点A，△EADの外接円と点Bに着目する。

解答

直角三角形EBCの外接円とABの交点をFとすると，BEは直径であるから
$$\angle BFE = 90°$$
方べきの定理により
$$AE·AC = AF·AB \quad \cdots\cdots ①$$
直角三角形EADの外接円とABの交点は，$\angle AFE=90°$から，点Fである。
方べきの定理により
$$BE·BD = BF·AB \quad \cdots\cdots ②$$
①，②から
$$AE·AC + BE·BD = AF·AB + BF·AB$$
$$= (AF+BF)AB = AB² \quad 終$$

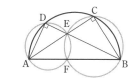

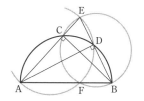

第2章 図形の性質

205 右の図のように，2円O_1，O_2が2点A，Bで交わっている。ABの延長線上の点Pから2円に引いた直線との交点をそれぞれC，DおよびE，Fとする。このとき，4点C，D，E，Fは1つの円周上にあることを証明せよ。

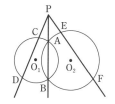

206 2点A，Bで交わる2つの円に共通な接線を引き，接点をC，Dとする。直線ABは線分CDを2等分することを証明せよ。

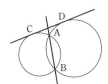

207 AB=ACである二等辺三角形ABCの外接円の周上に点Dをとり，2直線AD，BCの交点をEとする。AD·AE=AB²であることを証明せよ。

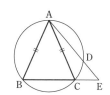

20 2つの円の位置関係

1 2つの円の位置関係と共通接線

2つの円の半径を r, r' $(r>r')$ とし，中心間の距離を d とする。

	（2つの円の位置関係）		（共通接線）
[1]	互いに外部にある	$d>r+r'$	4本
[2]	外接する	$d=r+r'$	3本
[3]	2点で交わる	$r-r'<d<r+r'$	2本
[4]	内接する	$d=r-r'$	1本
[5]	一方が他方の内部にある	$d<r-r'$	ない

■■A■■

□*208 半径が 8, 5 である2つの円の中心間の距離が次のような場合，この2つの円の位置関係と共通接線の本数をいえ。

(1) 3 (2) 6 (3) 13 (4) 16 (5) 1

□ 209 2円 O, O′ は中心間の距離が 11 のとき外接し，5 のとき内接する。円Oの半径 r と円 O′ の半径 r' を求めよ。ただし，$r>r'$ とする。

□*210 下の図において，直線 AB は2円 O, O′ にそれぞれ点 A, B で接している。円 O, O′ の半径が 12, 5 で，OO′=25 であるとき，線分 AB の長さを求めよ。

(1) 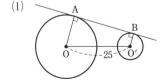　　(2)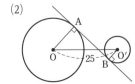

□*211 2点で交わる2つの円 O, O′ と，点Pで交わる2つの共通接線 AB, CD がある。このとき，次のことを証明せよ。

(1) AB=CD

(2) P, O, O′ は一直線上にある。

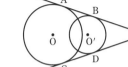

□ ■■Aの■■ まとめ 212 2点で交わる2つの円 O, O′ の共通接線の1つを ℓ とし，ℓ と円 O, O′ の接点をそれぞれ A, B とすると，OO′=8，AB=$2\sqrt{15}$ である。円 O′ の半径が 6 のとき，円Oの半径 r $(r<6)$ を求めよ。

■ 3点が一直線上にある

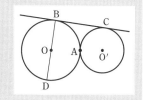

例題 **26**

点Aで外接する2円O, O′の共通接線の接点をそれぞれB, Cとする。円Oの直径BDを引くとき, 3点D, A, Cは一直線上にあることを証明せよ。

■指針■　**外接する2つの円**　点Aを通る共通接線を引く。∠CAD＝180° を示す。

解答　BDは円Oの直径であるから　　∠BAD＝90°
次に, 2つの円の接点Aにおける共通接線とBC との交点をMとすると
$$BM＝AM＝CM$$
よって, 3点A, B, Cは点Mを中心とする円周上にあるから　　∠BAC＝90°
ゆえに　　　∠CAD＝∠BAD＋∠BAC＝180°
したがって, 3点D, A, Cは一直線上にある。　終

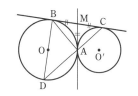

■■■ **B** ■■■

☑***213** 右の図のように, 半径4の円 O_1 と半径9の円 O_2 が外接し, 2円の共通接線 ℓ, m がある。ℓ, m と接し, かつ円 O_1 に外接する円Oの半径 r ($r<4$) を求めよ。

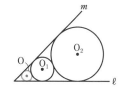

☑***214** 右の図のように, 半径5の円Oと半径8の円O′ が点Pで内接し, Pを通る2本の直線が2円とそれぞれ A, B および C, D で交わっている。
(1)　AC∥BD であることを証明せよ。
(2)　AC：BD を求めよ。
(3)　∠APC＝60° のとき, BD の長さを求めよ。

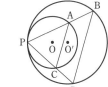

☑ **215** 点Aで外接している2つの円がある。一方の円の周上の点Bにおける接線が他方の円と2点C, D で交わるとき, ABは ∠CAD の外角を2等分することを証明せよ。

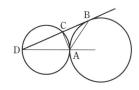

21 作 図

1 作図の意味

定規とコンパスだけを用いて，与えられた条件を満たす図形をかくことを **作図** という。ただし，定規とコンパスを用いる作図とは，

[1] 与えられた2点を通る直線を引くこと

[2] 与えられた1点を中心として，与えられた半径の円をかくこと

だけを使って，直線や円をえがき，それらの直線や円の交点を次々と求めていくことである。

注意 2枚の三角定規をすべらせて平行線をかいたり，定規の目もりで長さを測ったりすることは，上の意味の作図ではない。

■A■

☑*216 右の図のように，点Pと，直線 ℓ，および ℓ 上の点Q がある。次のような直線を作図せよ。

(1) 点Pを通り，ℓ に平行な直線

(2) 点Pを通り，ℓ に垂直な直線

(3) 点Qを通り，ℓ に垂直な直線

☑ 217 右の図のように，∠XOY，∠ABC （∠ABC＝90°）がある。次のような 半直線を作図せよ。

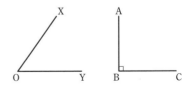

(1) ∠XOY を2等分する半直線 （二等分線）

(2) ∠XOY を4等分する半直線　(3) ∠ABC を3等分する半直線

☑*218 右の図のように，線分 AB がある。次の分点を 作図せよ。

(1) 5：2 に内分する点　　　(2) 中点

(3) 5：2 に外分する点　　　(4) 2：5 に外分する点

☑ 219 右の図のように，長さ a，b，1 の線分がある。 このとき，次の長さをもつ線分を作図せよ。

(1) $a+b$　(2) $a-b$　*(3) ab　*(4) $a \div b$

*(5) $\sqrt{a}$　(6) $\sqrt{ab}$　(7) $\sqrt{5}$　(8) $\sqrt{6}$

☐ **220** 右の図のように，直線 ℓ と，ℓ 上の点A，および ℓ 上にない点Bがある。点Aで直線 ℓ に接し，点Bを通る円を作図せよ。

☐ *221** 右の図のように，∠POQ の辺 OQ 上に点Rがある。点RでOQ に接する円のうち，辺 OP にも接する円を作図せよ。

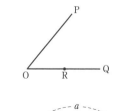

☐ **222** 右の図のように，長さ a の線分がある。a を1辺の長さとする次の正多角形を作図せよ。

(1) 正三角形　　(2) 正方形　　(3) 正六角形

☐ **Aの まとめ** **223** 右の図のように，△ABC がある。次の点を作図せよ。

(1) 外心　　(2) 内心
(3) 重心　　(4) 垂心

B

☐ *224** 右の図のように，直線 ℓ と，円O，およびその中心が与えられている。直線 ℓ に平行な円Oの2接線のうち ℓ に近いものを作図せよ。

☐ *225** 右の図のように，Pを中心とする半径が a の円と，Qを中心とする半径が b の円がある。次の図形を作図せよ。

(1) 点Pを中心とする半径 $a-b$ の円
(2) 点Qから(1)の円に引いた接線
(3) 2円P，Qの共通接線（2円の上側にあるもの）

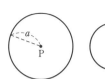

発展

☐ **226** 長さ a，b の線分が与えられたとき，2次方程式 $x(x+a)=b^2$ の正の解を長さとする線分を作図せよ。

22 直線と平面

1 2直線の位置関係

① 異なる2直線 ℓ, m の位置関係には，次の3つの場合がある。

[1] 1点で交わる

[2] 平行である（$\ell /\!/ m$）}……2直線は同じ平面上にある。

[3] ねじれの位置にある ……2直線は同じ平面上にない。

② **2直線 ℓ, m のなす角** 2直線 ℓ, m が平行でないとき，ℓ, m にそれぞれ平行で，1点Oを通る2直線 ℓ', m' のなす角をいう。

③ 3直線 ℓ, m, n について $\ell /\!/ m$, $\ell \perp n$ ならば $m \perp n$

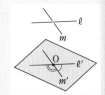

2 直線と平面の位置関係

① 直線 ℓ と平面 α の位置関係には，次の3つの場合がある。

[1] ℓ は α に含まれる

[2] 1点で交わる}… ℓ と α は共有点をもつ。

[3] 平行である（$\ell /\!/ \alpha$） … ℓ と α は共有点をもたない。

② 直線 ℓ と平面 α が**垂直** 直線 ℓ が，平面 α 上のすべての直線に垂直であるときをいう。

③ 平面 α 上の交わる2直線 m, n について

$$\ell \perp m, \ \ell \perp n \ ならば \ \ell \perp \alpha$$

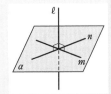

3 2平面の位置関係

① 異なる2平面 α, β の位置関係には，次の2つの場合がある。

[1] 交わる [2] 平行である（$\alpha /\!/ \beta$）

② **2平面のなす角** 交わる2平面の交線上の点から，各平面上に，交線に垂直に引いた2直線のなす角をいう。

③ 平面 α の1つの垂線を含む平面は，α に垂直である。

■■**A**■■

227 右の図の直方体 ABCD–EFGH について

(1) 辺 AB と平行な辺はどれか。

(2) 辺 AB とねじれの位置にある辺はどれか。

(3) 辺 AB と交わる辺はどれか。

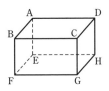

＊228 右の図の直方体 ABCD–EFGH において，次の2直線のなす角 θ を求めよ。ただし，$0° \leqq \theta \leqq 90°$ とする。

(1) AB, CG (2) AB, FH (3) AF, CH

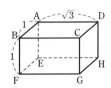

☑*229　右の図の立方体について，次の問いに答えよ。

(1)　辺 BF と垂直な面はどれか。また，平行な面はどれか。

(2)　平面 BFHD と平行な辺はどれか。また，垂直な線分はどれか。

(3)　FH⊥AE，FH⊥AC，EC⊥FH であることを示せ。

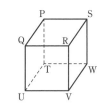

☑ 230　右の図の立方体について，次の2平面のなす角を求めよ。

(1)　平面 PQRS，平面 QUVR

(2)　平面 PQRS，平面 TURS

(3)　平面 PQVW，平面 TURS

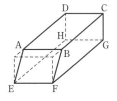

☑ ■Aの■ 231　右の図は，直方体から三角柱を切り取った
　　まとめ　　立体である。次のような位置関係にある直
　　　　　　線または平面を，それぞれすべて答えよ。

(1)　直線 AE とねじれの位置にある直線

(2)　直線 AB と平行な平面

(3)　平面 ABCD と垂直な平面

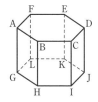

☑*232　右の図の正六角柱 ABCDEF-GHIJKL において，次
の2直線のなす角，2平面のなす角を求めよ。ただし，
なす角 θ は $0° \leqq \theta \leqq 90°$ とする。

(1)　AB, IJ　　(2)　FC, HJ　　(3)　AF, BH

(4)　平面 ABHG，平面 CDJI

☑*233　直方体 ABCD-EFGH において，辺 AB，AD，AE の長さをそれぞれ a, b,
c とする。また，頂点Aから直線 FH に下ろした垂線を AK とする。このと
き，次の問いに答えよ。

(1)　EK⊥FH であることを証明せよ。

(2)　垂線 AK の長さを求めよ。

ヒント 233　**三垂線の定理**　平面 α 上に直線 ℓ があるとき，α 上にない点P，ℓ
上の点Q，ℓ 上にない α 上の点Oについて
　　　　OP⊥α，PQ⊥ℓ ⟹ OQ⊥ℓ

23 多面体

1 多面体

① **多面体** 多角形の面で囲まれた立体をいい，へこみのない多面体を **凸多面体** という。特に，次の2つの条件を満たす凸多面体を **正多面体** という。

[1] 各面はすべて合同な正多角形である。

[2] 各頂点に集まる面の数はすべて等しい。

正多面体は，次の5種類しかないことが知られている。

正四面体　　正六面体（立方体）　　正八面体　　正十二面体　　正二十面体

② **オイラーの多面体定理**

凸多面体の頂点，辺，面の数を，それぞれ v，e，f とすると　$v-e+f=2$

2 正多面体の体積

正四面体，正八面体は，次のようにして立方体の内部に作ることができる。

① 正四面体 …… 立方体の辺で結ばれていない頂点どうしを結ぶ。

② 正八面体 …… 立方体の各面の対角線の交点を頂点とし，隣り合った面どうしの頂点を結ぶ。

A

☐ *234 次の多面体の面の数，辺の数，頂点の数を，それぞれ求めよ。また，（頂点の数）－（辺の数）＋（面の数）＝2 が成り立つことを確かめよ。

(1) 四面体　　(2) 三角柱　　(3) 直方体　　(4) 五角錐

☐ 235 右の図は，正四面体 ABCD において，辺 AB，AC，AD の各中点 E，F，G を通る平面で1つのかどを切り取ってできた多面体である。

(1) 切り口は，どのような図形になるか。

(2) 面の数，辺の数，頂点の数を，それぞれ求めよ。

(3) （頂点の数）－（辺の数）＋（面の数）＝2 が成り立つことを確かめよ。

☐ **Aのまとめ** 236 立方体の各面に，その面と合同な面を底面とする正四角錐を貼り付けてできる多面体について，面の数，辺の数，頂点の数を，それぞれ求めよ。

正四面体の体積と内接球

例題 27

1辺の長さが8の立方体 ABCD-EFGH を平面 BDE, 平面 BEG, 平面 BGD, 平面 DEG で切ると, 正四面体 BDEG ができる。このとき, 次のものを求めよ。

(1) 正四面体 BDEG の体積 V
(2) 正四面体 BDEG に内接する球の半径 r

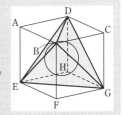

指針 **正四面体の体積** 2通りで表す。立方体から4つの四面体を除いて求める。内接する球の半径を利用して求める。

解答 (1) 正四面体 BDEG は, 立方体 ABCD-EFGH から合同な4つの四面体 ABDE, FBEG, CBDG, HDEG を除いたものである。

よって, 求める体積 V は $V=8^3-\left(\dfrac{1}{3}\cdot\dfrac{1}{2}\cdot 8^2\cdot 8\right)\times 4=\dfrac{512}{3}$ **答**

(2) 正四面体 BDEG に内接する球の中心を O とすると, 正四面体は合同な4つの四面体 OBDE, OBEG, OBGD, ODEG に分割できる。

四面体 OBDE の体積を V_1 とすると

$$V_1=\frac{1}{3}\cdot\triangle BDE\cdot r=\frac{1}{3}\cdot\left\{\frac{1}{2}\cdot 8\sqrt{2}\cdot\left(\frac{\sqrt{3}}{2}\cdot 8\sqrt{2}\right)\right\}\cdot r=\frac{32\sqrt{3}}{3}r$$

$V=4V_1$ であるから $\dfrac{512}{3}=4\cdot\dfrac{32\sqrt{3}}{3}r$ よって $r=\dfrac{4\sqrt{3}}{3}$ **答**

B

□***237** 立方体の各面の対角線の交点を頂点とし, 隣り合った面どうしの頂点を結ぶことによって, 立方体の中に正八面体ができる。このとき, 次の場合について, 正八面体の体積を求めよ。

(1) 立方体の1辺の長さが10
(2) 正八面体の1辺の長さが6

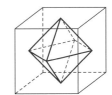

□ **238** 1辺の長さが5の正八面体について, 次のものを求めよ。

(1) 正八面体の体積 V
(2) 正八面体に内接する球の半径 r

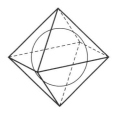

24 第2章 演習問題

外接円と垂心

例題 28

△ABC の辺 BC, CA, AB の中点をそれぞれ D, E, F とする。平面上の1点Pに対して，D, E, F についてPと対称である点を，それぞれ P_1, P_2, P_3 とする。P_1, P_2, P_3 が，どれも △ABC の外接円の周上にあるならば，点Pは △ABC の垂心であることを証明せよ。

指針 **垂心の証明** AP⊥BC を示す。その前に四角形 AP_3BP が平行四辺形であることに着目。

解答 FP＝FP_3，FA＝FB から
四角形 AP_3BP は平行四辺形である。
同様に，四角形 $APCP_2$ も平行四辺形である。
よって　　$P_3B/\!/P_2C$，$P_3B＝P_2C$
ゆえに，四角形 P_3BCP_2 も平行四辺形である。
円に内接する平行四辺形は長方形であるから
　　$P_3B⊥BC$　　　　よって　　AP⊥BC
同様に　　BP⊥CA
したがって，点Pは △ABC の垂心である。　**終**

B

☑ **239** ∠A＝60° の鋭角三角形 ABC の外心O，内心 I，垂心Hは，辺 BC を弦とする1つの円周上にあることを証明せよ。

発展

☑ **240** △ABC において，辺 BC, CA, AB と内接円の接点をそれぞれ P, Q, R とする。チェバの定理の逆を用いて，AP, BQ, CR は1点で交わることを証明せよ。

☑ **241** 平行四辺形 ABCD の内部の点Pから各辺に平行な直線を引き，辺 AB, BC, CD, DA との交点をそれぞれ E, F, G, H とする。BG, DF の交点をQとするとき，3点 A, P, Q は一直線上にあることを証明せよ。

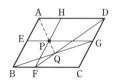

■ 内接円と外接円をもつ四角形

例題 29

円に内接する四角形 ABCD が他の円に外接しているとき，辺 AB, BC, CD, DA とその円の接点をそれぞれ E, F, G, H とする。このとき，EG⊥FH であることを証明せよ。

■**指針**■ 円に外接する四角形　∠A＋∠C＝180°（円に内接）を用いて，
　　　　∠EFH＋∠FEG＝90° を示す。

解答
四角形 ABCD が円 EFGH に外接しているから，
AE＝AH, CF＝CG より

$$\angle AEH＝\angle AHE＝\frac{1}{2}(180°-\angle A) \quad \cdots\cdots ①$$

$$\angle CGF＝\angle CFG＝\frac{1}{2}(180°-\angle C) \quad \cdots\cdots ②$$

∠AEH, ∠CGF は接線と弦のなす角であるから
　　　∠EFH＝∠AEH, ∠FEG＝∠CGF
①，② と四角形 ABCD が円に内接することから

$$\angle EFH＋\angle FEG＝\frac{1}{2}(360°-\angle A-\angle C)＝90°$$

EG と FH の交点をKとすると
　　　∠EKF＝180°-（∠EFH＋∠FEG）＝90°
よって　　EG⊥FH　**終**

■■■ **B** ■■■

☑ **242** 右の図のように，互いに外接する半径2の2円 A, B が，半径5の円Oに内接している。2円 A, B に外接し，円Oに内接する円Cの半径を求めよ。

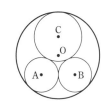

☑ **243** 中心が一直線上にない3つの円が，互いに2つずつ交わっている。これら3つの円の3つの共通弦またはそれらの延長は1点で交わることを証明せよ。

☑ **244** 右の図において，2円 O, O′ は点Aで内接している。また，円Oの弦 BC が点Dで円 O′ に接している。このとき，直線 AD は ∠BAC を2等分することを証明せよ。

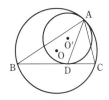

ヒント **244**　2本の補助線が必要。

第3章 数学と人間の活動

25 約数と倍数，素数と素因数分解

1 約数と倍数

2つの整数 a，b について，ある整数 k を用いて，$a=bk$ と表されるとき，b は a の **約数** であるといい，a は b の **倍数** であるという。

2 倍数の判定法

2の倍数 …… 一の位が 0，2，4，6，8 のいずれか

4の倍数 …… 下2桁が4の倍数

5の倍数 …… 一の位が 0，5 のいずれか

8の倍数 …… 下3桁が8の倍数

10の倍数 …… 一の位が 0

3の倍数 …… 各位の数の和が3の倍数

9の倍数 …… 各位の数の和が9の倍数

11の倍数 …… (偶数桁目の数の和) と (奇数桁目の数の和) の差が11の倍数

3 素数と素因数分解

① **素 数** 2以上の自然数で，1とそれ自身以外に正の約数をもたない数

合成数 2以上の自然数で，素数でない数

素因数分解 自然数を素数だけの積の形に表すこと

素因数分解の一意性 1つの合成数の素因数分解は，積の順序の違いを除けばただ1通りである。

② **約数の個数** 自然数 N の素因数分解が $N=p^a q^b r^c \cdots\cdots$ であるとき，N の正の約数の個数は

$$(a+1)(b+1)(c+1)\cdots\cdots$$

▩▩ A ▩▩

☑ **245** (1) 8の約数をすべて求めよ。

(2) 8の正の倍数を小さいものから4個求めよ。

☑ **246** a，b は整数とする。次のことを証明せよ。

(1) a と b がともに5の倍数ならば，$2a+3b$ は5の倍数である。

*(2) a と $a+b$ がともに7の倍数ならば，b は7の倍数である。

(3) a と b がともに3の倍数ならば，a^2+5ab は9の倍数である。

☑ **247** ある自然数が125の倍数であるかどうかは，下3桁が125の倍数であるかどうかで判定できる。この理由を説明せよ。

☑ **248** 次の数が9の倍数であるとき，□に入る数 (0～9) をすべて求めよ。

*(1) 967□ (2) 13□5 *(3) 4□38 (4) □296

□ **249** 次の数が [ ] 内の数の倍数であるとき，□に入る数（ 0 〜 9 ）をすべて求めよ。

    *(1) 623□ [6]   (2) 562□ [15]   (3) 431□ [10]

□ **250** 次の数を素因数分解せよ。

    (1) 72   *(2) 540   (3) 5544

□ **251** 次の数の正の約数をすべて求めよ。

    *(1) 24   (2) 108   (3) 174

□ **252** 次の数の正の約数の個数を求めよ。

    (1) $2^3 \cdot 3^4$ *(2) 500   (3) 720

□ **Aの まとめ** **253** 4桁の自然数 10□8 について，次の問いに答えよ。

    (1) 9の倍数になるように□の数を埋めよ。

    (2) (1)のとき，この4桁の数を素因数分解せよ。

    (3) (1)のとき，この4桁の数の正の約数の個数を求めよ。

B

□ **254** 次の4桁の自然数が [ ] 内の数の倍数になるように，□にそれぞれ適当な数を入れたとき，その4桁の自然数が最大なものを求めよ。

    (1) 71□4 [3]   (2) 38□6 [4]   *(3) 21□4 [6]

    (4) 3□4□ [3]   (5) □51□ [9]   *(6) 3□5□ [6]

□ **255** 次の数が自然数になるような最小の自然数 n を求めよ。

    (1) $\sqrt{108n}$ (2) $\sqrt{60n}$ *(3) $\sqrt{504n}$

    *(4) $\sqrt{\dfrac{126}{n}}$ (5) $\sqrt{\dfrac{42}{n}}$

□ **256** n は自然数とする。$\sqrt{\dfrac{2160}{n}}$ が自然数になるような n をすべて求めよ。

□ *257 (1) 12の倍数で，正の約数の個数が15個である自然数 n をすべて求めよ。

    (2) 500以下の自然数のうち，正の約数の個数が9個である数は何個あるか。

26 最大公約数, 最小公倍数

1 最大公約数, 最小公倍数の求め方

例 12, 30, 90

1. 素因数分解による

$12=2^2\cdot3,\ 30=2\cdot3\cdot5,\ 90=2\cdot3^2\cdot5$

最大公約数	最小公倍数
$2^2\cdot3^1\cdot5^0$	$2^2\cdot3^1\cdot5^0$
$2^1\cdot3^1\cdot5^1$	$2^1\cdot3^1\cdot5^1$
$2^1\cdot3^2\cdot5^1$	$2^1\cdot3^2\cdot5^1$
$2^1\cdot3^1\cdot5^0=6$	$2^2\cdot3^2\cdot5^1=180$

(指数の小さい方) (指数の大きい方)

2. 素因数で割っていく

最大公約数

```
2 ) 12  30  90
3 )  6  15  45
     2   5  15
```

(3数に共通な
素因数で割る)
$2\cdot3=6$

最小公倍数

```
2 ) 12  30  90
3 )  6  15  45
5 )  2   5  15
     2   1   3
```

(2数以上に共通な
素因数で割る)
$2\cdot3\cdot5\cdot2\cdot1\cdot3=180$

2 互いに素 (2つの整数の最大公約数が1であるとき)

① $a,\ b$ が互いに素である $\iff$ $a,\ b$ に共通な素因数がない

② $a,\ b,\ k$ は整数とすると, 次のことが成り立つ。

$a,\ b$ が互いに素で, ak が b の倍数であるならば, k は b の倍数である。

3 最大公約数, 最小公倍数の性質

2つの自然数 $a,\ b$ の最大公約数を g, 最小公倍数を l とする。

$a=ga',\ b=gb'$ であるとすると, 次のことが成り立つ。

① $a',\ b'$ は互いに素である。   ② $l=ga'b'$

③ $ab=gl$ (2数の積=最大公約数と最小公倍数の積) $g=1$ のとき $ab=l$

■■A■■

☑ **258** 素因数分解を利用して, 次の数の組の最大公約数と最小公倍数を求めよ。

(1) $2\cdot3^2,\ 2^2\cdot3\cdot5$ (2) 18, 252   *(3) 140, 525

(4) 42, 72, 120   *(5) 30, 126, 140   (6) 216, 360, 900

☑ **259** 次の2つの整数が互いに素であるかどうかを答えよ。

(1) 6と11   *(2) 26と39   *(3) 45と76   (4) 21と81

☑***260** 縦 90 cm, 横 168 cm の板がある。次のものを求めよ。

(1) 同じ大きさのこの板を同じ向きにすき間なく敷き詰めて正方形を作るとき, 最も小さい正方形の1辺の長さとそのときに必要な板の枚数

(2) この板1枚に, 同じ大きさの正方形のタイルをすき間なく敷き詰めるとき, 最も大きい正方形のタイルの1辺の長さとそのときに必要なタイルの枚数 (タイルの1辺の長さは整数とする)

☑ ■Aの■ まとめ **261** 素因数分解を利用して, 次の数の組の最大公約数と最小公倍数を求めよ。

(1) 65, 91   (2) 120, 180, 225

最小公倍数の倍数であることの証明

例題 30　a は自然数とする。$a+3$ は 5 の倍数であり，$a+6$ は 7 の倍数であるとき，$a+13$ は 35 の倍数であることを示せ。

指針　**最小公倍数の性質**　自然数 n が p の倍数かつ q の倍数であるとき，n は p と q の最小公倍数の倍数である。

解答　$a+3$，$a+6$ は，自然数 k，ℓ を用いて
$$a+3=5k,\ a+6=7\ell$$
と表される。
$$a+13=(a+3)+10=5k+10=5(k+2) \quad \cdots\cdots ①$$
$$a+13=(a+6)+7=7\ell+7=7(\ell+1) \quad \cdots\cdots ②$$
よって，① より $a+13$ は 5 の倍数であり，② より $a+13$ は 7 の倍数である。
したがって，$a+13$ は 5 と 7 の最小公倍数 35 の倍数である。　**終**

☐***262**　n が自然数のとき，n と 90 の最小公倍数が 900 になる n をすべて求めよ。

☐***263**　a は自然数とする。$a+2$ は 3 の倍数であり，$a+1$ は 7 の倍数であるとき，$a+8$ は 21 の倍数であることを証明せよ。

☐ **264**　みかんが 435 個，りんごが 268 個ある。何人かの子どもに，みかんもりんごも平等に，できるだけ多く配ったところ，みかんは 45 個，りんごは 34 個余った。子どもの人数を求めよ。

発展

☐ **265**　次のような条件を満たす 2 つの自然数 a，b $(a<b)$ の組をすべて求めよ。
　(1)　最大公約数が 7，最小公倍数が 42
　(2)　最大公約数が 5，最小公倍数が 60

☐ **266**　次のような条件を満たす 2 つの自然数 a，b $(a<b)$ の組をすべて求めよ。
　(1)　積が 252，最大公約数が 3　　　(2)　和が 70，最大公約数が 7
　(3)　積が 300，最小公倍数が 60　　　(4)　和が 90，最小公倍数が 385

■■ 互いに素であることの証明

例題 31 2つの自然数 a と b が互いに素であるとき，a と $a+b$ も互いに素であることを証明せよ。

指針 互いに素であることの証明

2つの自然数が互いに素 $\iff$ 2つの自然数の最大公約数が1

a と $a+b$ の最大公約数を g とし，$a=gm$，$a+b=gn$（m，n は互いに素）の式を使って，$g=1$ となることを証明する。

解答 a と $a+b$ の最大公約数を g とすると
$$a=gm, \quad a+b=gn$$
と表される。

ただし，m，n は互いに素である自然数で，$m<n$ である。

よって $b=gn-a=gn-gm=g(n-m)$

ここで，$n-m$ は自然数であるから，g は b の約数である。

g は a の約数でもあるから，g は a と b の公約数である。

a と b は互いに素であるから $g=1$

したがって，2つの自然数 a と b が互いに素であるとき，a と $a+b$ は互いに素である。　**終**

補足 背理法（数学Ⅰ $p.34$ で学習）を用いて証明することもできる。

$\longrightarrow$ a と $a+b$ が互いに素でないと仮定して矛盾を導く。

B

☑ *267 2つの自然数 a と b が互いに素であるとき，$a+2b$ と b も互いに素であることを証明せよ。

発展

☑ 268 n と 42 の最大公約数が6，最小公倍数が 462 になる自然数 n を求めよ。

☑ 269 3つの自然数 40，56，n の最大公約数が8，最小公倍数が 1400 であるとき，n をすべて求めよ。

☑ 270 次の(A)，(B)，(C)を満たす3つの自然数 a，b，c の組 (a, b, c) をすべて求めよ。ただし，$a<b<c$ とする。

(A) a，b，c の最大公約数は 12 である。

(B) b，c の最大公約数は 36，最小公倍数は 1620 である。

(C) a，b の最小公倍数は 720 である。

27 整数の割り算

1 整数の割り算

整数 a と正の整数 b に対して，$a=bq+r$，$0 \leqq r < b$ を満たす整数 q と r がただ1通りに定まる。

2 余りによる整数の分類

整数は，次のように分けることができる。

① 偶数と奇数に分ける（2で割った余りが0，1）。$\longrightarrow$ $2k$，$2k+1$（k は整数）

② 3で割った余りが0，1，2の場合に分ける。$\longrightarrow$ $3k$，$3k+1$，$3k+2$（k は整数）

3 連続する整数の積の性質

① 連続する2つの整数の積は，2の倍数である。

② 連続する3つの整数の積は，6の倍数である。

271 $a=68$，$b=7$ について，a を b で割ったときの商 q と余り r を求めよ。また，$a=bq+r$，$0 \leqq r < b$ を満たしていることを確認せよ。

272 2つの整数 a，b を9で割ったときの余りがそれぞれ 4，6 であるとき，次の数を9で割ったときの余りを求めよ。

(1) $a+b$ 　　*(2) $2a+7b$ 　　(3) a^2+b^2 　　*(4) a^2-5ab

Aの まとめ **273** 2つの整数 a，b を5で割ったときの余りがそれぞれ 2，3 であるとき，$a+b$，ab を5で割ったときの余りを求めよ。

274 次のことを証明せよ。

(1) 偶数の2乗は4の倍数である。

*(2) 連続する2つの奇数の2乗の差は8の倍数である。

(3) 連続する2つの偶数の2乗の和に4を足した数は8の倍数である。

*(4) 連続する2つの数の2乗の和から1を引いた数は4の倍数である。

275 n は整数とする。次のことを証明せよ。

n が3の倍数でないならば，n^2-1 は3の倍数である。

ヒント 275 $n=3k+1$，$n=3k+2$（k は整数）の2つの場合に分けて考える。または，$n^2-1=(n-1)(n+1)$ と因数分解して，連続する整数の積の性質を利用。

倍数に関する証明

例題 32

n は整数とする。次のことを証明せよ。
(1) n^2+1 は 3 の倍数でない。
(2) $n(n-1)(2n-1)$ は 6 の倍数である。

指針 k **の倍数に関する証明** [1] 3 の倍数に関する証明なら $n=3k$, $n=3k+1$,
$n=3k+2$（k は整数）に分けて考える。

[2] 連続する整数の積に着目。

$n(n+1)$ なら 2 の倍数，$n(n+1)(n+2)$ なら 6 の倍数であることを利用する。

解答 (1) すべての整数 n は
$$n=3k, \quad n=3k+1, \quad n=3k+2 \quad (k \text{ は整数})$$
のいずれかの形で表される。

[1] $n=3k$ のとき $\quad n^2+1=(3k)^2+1=9k^2+1=3 \cdot 3k^2+1$

[2] $n=3k+1$ のとき $\quad n^2+1=(3k+1)^2+1=9k^2+6k+2$
$$=3(3k^2+2k)+2$$

[3] $n=3k+2$ のとき $\quad n^2+1=(3k+2)^2+1=9k^2+12k+5$
$$=3(3k^2+4k+1)+2$$

いずれの場合も n^2+1 は 3 の倍数でない。

よって，n^2+1 は 3 の倍数でない。 **終**

(2) $n(n-1)(2n-1)=n(n-1)\{(n+1)+(n-2)\}$
$$=(n-1)n(n+1)+(n-2)(n-1)n$$

$(n-1)n(n+1)$, $(n-2)(n-1)n$ はともに連続する 3 つの整数の積であるから，
6 の倍数である。

よって，$n(n-1)(2n-1)$ は 6 の倍数である。 **終**

参考 (1) $n=3k+2$ のときを $n=3k-1$ のときと考えることもできる。
このように考えると，$n=3k\pm1$ のときとして，[2] と [3] の場合をまとめて扱える。
$$n^2+1=(3k\pm1)^2+1=3(3k^2\pm2k)+2 \quad (\text{複号同順})$$

B

276 n は整数とする。次のことを証明せよ。

n^2 を 4 で割ったときの余りは，0 か 1 である。

*277 n は整数とする。次のことを証明せよ。

(1) $n^2+9n+18$ は偶数である。

(2) n^2+4n+1 は 5 の倍数でない。

*278 n は整数とする。次の整数は 6 の倍数であることを示せ。

(1) n^3+5n (2) $2n^3+4n$

28 補 自然数の積と素因数の個数

素因数の個数

例題 33　1 から 50 までの 50 個の自然数の積 $N=1\cdot2\cdot3\cdots\cdots50$ を計算すると，末尾には 0 が連続して何個並ぶか。

指針　**末尾に並ぶ 0 の個数**　10 で何回割れるかを考える。$10=2\cdot5$ であるから，N を素因数分解したときの，素因数 2 と 5 の個数を調べればよい。

解答　1 から 50 までの自然数のうち，

　　　　5 の倍数の個数は，50 を 5 で割った商で　10
　　　　5^2 の倍数の個数は，50 を 5^2 で割った商で　2
よって，N を素因数分解したときの素因数 5 の個数は　　$10+2=12$
また，素因数 2 の個数は明らかに素因数 5 の個数より多い。
$10=2\cdot5$ であるから，N を計算すると，末尾には 0 が連続して **12 個** 並ぶ。**答**

参考　1 から 50 までの自然数のうち，2, 2^2, 2^3, 2^4, 2^5 の倍数の個数は，それぞれ 25, 12, 6, 3, 1 であるから，N を素因数分解したときの素因数 2 の個数は
$25+12+6+3+1=47$ となり，明らかに素因数 5 の個数より多い。
したがって，末尾に連続して並ぶ 0 の個数は，素因数 5 の個数で決まる。

279　次のような自然数の個数を求めよ。
　(1)　100 以下の自然数で，15 と互いに素である自然数
　*(2)　108 以下の自然数で，108 と互いに素である自然数
　(3)　540 以下の自然数で，540 と互いに素である自然数

280 *(1)　1 から 150 までの 150 個の自然数の積 $N=1\cdot2\cdot3\cdots\cdots150$ について，N を素因数分解したとき，素因数 3 の個数を求めよ。
　(2)　1 から 500 までの 500 個の自然数の積 $N=1\cdot2\cdot3\cdots\cdots500$ について，N を素因数分解したとき，素因数 7 の個数を求めよ。

281　次のような自然数の積 N を計算すると，末尾には 0 が連続して何個並ぶか。
　*(1)　1 から 125 までの 125 個の自然数の積 $N=1\cdot2\cdot3\cdots\cdots125$
　(2)　1 から 500 までの 500 個の自然数の積 $N=1\cdot2\cdot3\cdots\cdots500$

ヒント　279 (3)　$540=2^2\cdot3^3\cdot5$ であるから，まず，540 以下の自然数で，2 の倍数または 3 の倍数または 5 の倍数である数の個数を求める。

29 ユークリッドの互除法

---

1 ユークリッドの互除法

① 自然数 a, b について，a を b で割ったときの余りを r とすると，<u>a と b の最大公約数は，b と r の最大公約数に等しい。</u>

② ①の性質を利用すると，2つの自然数 a, b の最大公約数を求めるには，次の手順を繰り返せばよいことになる。

  [1] a を b で割った余りを r とする。

  [2] $r=0$ ならば，b が a と b の最大公約数である。

    $r>0$ ならば，a を b で，b を r でおきかえて，[1] に戻る。

この手順を繰り返すと余り r が小さくなり，r が 0 になって必ず終了する。

③ ②の計算方法を利用すると，2つの整数 a, b が互いに素であるならば，$ax+by=1$ を満たす整数 x, y が必ず存在する。したがって，どんな整数 c についても，$ax+by=c$ を満たす x, y が存在する。

■■A■■

□***282** 次の2つの整数の最大公約数を，互除法を用いて求めよ。

    (1) 72, 15   (2) 308, 105   (3) 2717, 1309

□ **283** 互除法を利用して，次の等式を満たす整数 x, y の組を1つ求めよ。

    (1) $8x+7y=1$ (2) $24x+7y=1$ *(3) $36x+25y=1$

□ **284** 次の等式を満たす整数 x, y の組を1つ求めよ。

    (1) $11x+32y=4$ *(2) $9x-13y=7$ *(3) $14x+16y=6$

□ **■Aの■ まとめ** **285** 次の等式を満たす整数 x, y の組を1つ求めよ。

    (1) $23x+41y=1$ (2) $31x-43y=5$ (3) $26x+34y=6$

■■■B■■■

□ **286** 縦の長さが 864，横の長さが 1357 である長方形において，長方形をできるだけ大きい正方形で切り取れるだけ切り取る。残った部分の長方形も同様に，その長方形をできるだけ大きい正方形で切り取れるだけ切り取る。この作業を，最初の長方形がすべて正方形で切り取られるまで繰り返す。

    (1) 最初に切り取られる正方形の1辺の長さを求めよ。また，残った部分の短辺の長さを求めよ。

    (2) 切り取られた正方形のうち，最も小さい正方形の面積を求めよ。

    (3) 切り取られた正方形は何種類か。

    (4) 切り取られた正方形の個数を求めよ。

n で表される 2 数の最大公約数

例題 34

(1) n と 15 の最大公約数が 5 になるような 20 以下の自然数 n をすべて求めよ。

(2) $5n+40$ と $2n+19$ の最大公約数が 5 になるような 20 以下の自然数 n をすべて求めよ。

指針 **互除法の応用** 等式 $a=bq+r$ を満たす整数 a, b, q, r について，a と b の最大公約数は b と r の最大公約数に等しい。

(2) $5n+40$ と $2n+19$ について，互除法を適用する。

解答 (1) n と 15 の最大公約数が 5 であることから，n は 5 の倍数である。

最大公約数が 5 であり，$15=3\cdot5$ であることから，n は 3 の倍数ではない。

$1\leqq n\leqq20$ から　　$n=5,\ 10,\ 20$　**答**

(2) $5n+40$ と $2n+19$ に互除法を適用すると

$$5n+40=(2n+19)\cdot2+n+2$$
$$2n+19=(n+2)\cdot2+15$$

よって，$5n+40$ と $2n+19$ の最大公約数は，$n+2$ と 15 の最大公約数に等しい。

$n+2$ と 15 の最大公約数が 5 であるとき，$n+2$ は 5 の倍数であるが，3 の倍数ではない。

$1\leqq n\leqq20$ より $3\leqq n+2\leqq22$ であるから　　$n+2=5,\ 10,\ 20$

したがって　　$n=3,\ 8,\ 18$　**答**

第3章 数学と人間の活動

B

☑*287 次の条件を満たす自然数 n をすべて求めよ。

(1) n と 18 の最大公約数が 9 になるような 30 以下の n

(2) $11n+28$ と $4n+7$ の最大公約数が 5 になるような 50 以下の n

(3) $n^2+23n+1$ と $n+22$ の最大公約数が 7 になるような 60 以下の n

(4) $n^2+5n+12$ と $n+3$ の最大公約数が 3 になるような 10 以下の n

☑ **288** 次のことを証明せよ。

(1) m が 0 以上の整数のとき，$5m+3$ と $5m+4$ は互いに素である。

*(2) n が自然数のとき，n^2+2n+1 と $n+2$ は互いに素である。

☑ **289** n は自然数とする。n^2+3n+5 と $n+4$ の最大公約数として考えられる数をすべて求めよ。

30 1次不定方程式

1 **1次不定方程式と整数解**

① a, b, c は整数の定数で，$a \neq 0$, $b \neq 0$ とする。x, y の1次方程式 $ax+by=c$ を成り立たせる整数 x, y の組を，この方程式の **整数解** という。また，この方程式の整数解を求めることを，**1次不定方程式** を解くという。

② a, b が互いに素であるとき，$ax+by=c$ の整数解の1つを $x=p$, $y=q$ とすると，すべての整数解は $x=bk+p$, $y=-ak+q$ （kは整数） と表される。

■■A■■

☑ **290** 次の方程式の整数解をすべて求めよ。

(1) $5x-7y=0$　　　　(2) $10x+21y=0$

☑ **291** 次の方程式の整数解をすべて求めよ。

*(1) $7x+8y=1$　　　　(2) $2x-5y=1$

(3) $15x+13y=2$　　　　*(4) $3x-5y=4$

☑ **Aの まとめ** **292** 次の方程式の整数解をすべて求めよ。

(1) $5x+6y=1$　　　　(2) $3x-7y=2$

■■B■■

☑ *293 方程式 $30x+17y=2$ …… ① の整数解のすべてを次の手順で求めよ。

(1) 互除法を利用して，方程式 $30x+17y=1$ の整数解の1つを求めよ。

(2) 方程式 $30x+17y=2$ の整数解の1つを求めよ。

(3) (2)の解と ① から，① の整数解をすべて求めよ。

☑ **294** 次の方程式の整数解をすべて求めよ。

(1) $24x+19y=1$　　　　*(2) $46x-35y=1$

*(3) $43x+18y=5$　　　　(4) $56x-73y=5$

☑ **295** (1) 7で割ると2余り，9で割ると7余るような自然数 n を，63で割ったときの余りを求めよ。

*(2) 3で割ると1余り，7で割ると3余るような自然数のうち，3桁で最大のものと最小のものを求めよ。

不定方程式（自然数の解）

例題 35

(1) 等式 $3x+2y=18$ を満たす自然数 x, y の組をすべて求めよ。

(2) 等式 $x+2y+3z=9$ を満たす自然数 x, y, z の組をすべて求めよ。

指針 **自然数の解** （自然数）>0，（自然数）$\geqq1$ という条件から値を絞り込む。

(1) 等式を $2y=3(6-x)$ と変形して，$y>0$ から x の値を絞り込む。

(2) 係数最大の z の項以外を右辺に移項し，$x\geqq1$，$y\geqq1$ から z の値を絞り込む。

解答

(1) $3x+2y=18$ から　　$2y=3(6-x)$　……　①

$y>0$ であるから　　$3(6-x)>0$　　よって　　$x<6$

① において，$2y$ は偶数であるから，$3(6-x)$ は偶数である。

x は自然数であるから　　$x=2,\ 4$

したがって　　$(x,\ y)=(2,\ 6),\ (4,\ 3)$　**答**

(2) $x\geqq1$，$y\geqq1$ であるから　　$3z=9-x-2y\leqq9-1-2\cdot1=6$

よって　　$z\leqq2$　　z は自然数であるから　　$z=1,\ 2$

[1] $z=1$ のとき　　$x+2y=6$

$x\geqq1$ であるから　　$2y=6-x\leqq6-1=5$

ゆえに　　$y\leqq\dfrac{5}{2}$　　y は自然数であるから　　$y=1,\ 2$

よって　　$(x,\ y)=(4,\ 1),\ (2,\ 2)$

[2] $z=2$ のとき　　$x+2y=3$

$x\geqq1$ であるから　　$2y=3-x\leqq3-1=2$

ゆえに　　$y\leqq1$　　y は自然数であるから　　$y=1$

よって　　$(x,\ y)=(1,\ 1)$

以上から　　$(x,\ y,\ z)=(4,\ 1,\ 1),\ (2,\ 2,\ 1),\ (1,\ 1,\ 2)$　**答**

参考 (1) 2 と 3 は互いに素であるから，① より　　$y=3k$，$6-x=2k$（k は整数）

よって　　$x=-2k+6$，$y=3k$（k は整数）

$x\geqq1$，$y\geqq1$ であることを利用して，k の値を絞り込んでもよい。

■■■ **発展** ■■■

296 次の等式を満たす自然数 x, y の組をすべて求めよ。

(1) $4x+7y=19$　　　　(2) $5x+3y=45$

297 次の等式を満たす自然数 x, y, z の組をすべて求めよ。

(1) $4x+2y+z=11$　　　　(2) $3x+4y+5z=22$

298 所持金 660 円で 1 個 50 円の商品Aと 1 個 80 円の商品Bを買う。所持金をちょうど使い切るとき，商品Aと商品Bをそれぞれ何個買えばよいか。ただし，消費税は考えないものとする。

■ 不定方程式（3変数）

例題 36

次の等式を満たす自然数 x, y, z の組をすべて求めよ。

$$\frac{1}{x}+\frac{1}{y}+\frac{1}{z}=\frac{3}{2} \quad (x \leqq y \leqq z)$$

■指針■ **3文字の不定方程式** x, y, z が自然数であることと，$x \leqq y \leqq z$ を利用して，x, y, z の候補を絞り込む。

$1 \leqq x \leqq y \leqq z$ であるから，$\dfrac{1}{z} \leqq \dfrac{1}{y} \leqq \dfrac{1}{x}$ となることに着目。

解答

$1 \leqq x \leqq y \leqq z$ であるから　　$\dfrac{1}{z} \leqq \dfrac{1}{y} \leqq \dfrac{1}{x}$ …… ①

よって　　$\dfrac{3}{2}=\dfrac{1}{x}+\dfrac{1}{y}+\dfrac{1}{z} \leqq \dfrac{1}{x}+\dfrac{1}{x}+\dfrac{1}{x}=\dfrac{3}{x}$

ゆえに　　$x \leqq 2$　　　　x は自然数であるから　　$x=1$, 2

[1]　$x=1$ のとき　　与式から　　$\dfrac{1}{y}+\dfrac{1}{z}=\dfrac{1}{2}$ …… ②

①，② より　　$\dfrac{1}{2}=\dfrac{1}{y}+\dfrac{1}{z} \leqq \dfrac{1}{y}+\dfrac{1}{y}=\dfrac{2}{y}$　　　　よって　　$y \leqq 4$

y は自然数で，$1=x \leqq y$ であるから　　$y=1$, 2, 3, 4

$y=1$, 2 のとき　　② を満たす自然数 z はない。

$y=3$　　のとき　　② から　　$z=6$　（$y \leqq z$ を満たす）

$y=4$　　のとき　　② から　　$z=4$　（$y \leqq z$ を満たす）

[2]　$x=2$ のとき　　与式から　　$\dfrac{1}{y}+\dfrac{1}{z}=1$ …… ③

①，③ より　　$1=\dfrac{1}{y}+\dfrac{1}{z} \leqq \dfrac{1}{y}+\dfrac{1}{y}=\dfrac{2}{y}$　　　　よって　　$y \leqq 2$

y は自然数で $2=x \leqq y$ であるから　　$y=2$

このとき，③ から　　$z=2$　（$y \leqq z$ を満たす）

[1]，[2] から　　$(x, y, z)=(1, 3, 6), (1, 4, 4), (2, 2, 2)$　**答**

■■■ 発展 ■■■

299 次の等式を満たす自然数 x, y, z の組をすべて求めよ。

(1)　$\dfrac{1}{x}+\dfrac{1}{2y}+\dfrac{1}{3z}=\dfrac{4}{3}$　（$x \leqq y \leqq z$）

(2)　$\dfrac{1}{x}+\dfrac{2}{y}+\dfrac{3}{z}=\dfrac{5}{3}$　（$2 \leqq x \leqq y \leqq z$）

300 a, b, c は自然数で，$a \leqq b \leqq c$ かつ $abc=a+b+c$ を満たす。このとき，次の問いに答えよ。

(1)　$ab \leqq 3$ であることを証明せよ。

(2)　自然数 a, b, c の組をすべて求めよ。

31 記 数 法

1 n進法

① n進法 ⟶ 10進法

（整数の場合） 例 $123_{(4)} = 1 \times 4^2 + 2 \times 4^1 + 3 \times 4^0 = 27$

（小数の場合） 例 $0.123_{(4)} = 1 \times \dfrac{1}{4^1} + 2 \times \dfrac{1}{4^2} + 3 \times \dfrac{1}{4^3} = 0.421875$

② 10進法 ⟶ n進法

（整数の場合）

例
```
  4) 123
  4)  30 …3
  4)   7 …2
  4)   1 …3
       0 …1
```
よって $123 = 1323_{(4)}$

（小数の場合）

例 $0.4375 = 0.a_1 a_2 a_3 \cdots_{(4)}$ とおく。

$$\begin{array}{r} \times \quad 4 \\ \hline 1.7500 = a_1.a_2 a_3 \cdots \qquad a_1 = 1 \\ \times \quad 4 \\ \hline 3.00 \quad a_2.a_3 a_4 \cdots \qquad a_2 = 3 \\ a_3 = a_4 = \cdots = 0 \end{array}$$

よって $0.4375 = 0.13_{(4)}$

A

☑ **301** 次の数を10進法で表せ。

(1) $1010_{(2)}$ *(2) $3142_{(5)}$ (3) $753_{(8)}$

☑ **302** 次の10進法の数を［ ］内の表し方で表せ。

(1) 18 ［2進法］   *(2) 248 ［3進法］   (3) 321 ［7進法］

☑ **Aの** **303** (1) $358_{(9)}$ を10進法で表せ。
まとめ   (2) 113 を5進法で表せ。

B

☑ **304** 次の数を10進法の小数で表せ。

(1) $0.1011_{(2)}$ (2) $0.314_{(5)}$ *(3) $0.23_{(8)}$

☑ **305** 次の10進法の数を［ ］内の表し方で表せ。

(1) 0.672 ［5進法］   (2) 0.6875 ［2進法］   *(3) 0.8125 ［4進法］

☑ **306** 次の計算をせよ。

(1) $10110_{(2)} + 1011_{(2)}$ (2) $102_{(3)} + 212_{(3)}$ *(3) $6354_{(7)} + 3246_{(7)}$

*(4) $11001_{(2)} - 101_{(2)}$ (5) $453_{(6)} - 124_{(6)}$ (6) $11101_{(2)} \times 101_{(2)}$

*(7) $231_{(5)} \times 312_{(5)}$ (8) $10101_{(2)} \div 111_{(2)}$ *(9) $2002_{(3)} \div 21_{(3)}$

■■ n 進法の応用

例題 **37**

(1)　自然数 N を 2 進法で表すと 5 桁の数 $11a01_{(2)}$ になり，7 進法で表すと 2 桁の数 $3b_{(7)}$ になるという。a，b を求めよ。

(2)　3 種類の数字 0，1，2 を用いて表される自然数を，次のように小さい方から順に並べる。

　　1, 2, 10, 11, 12, 20, 21, 22, 100, 101, 102, 110, ……

212 番目の数をいえ。また，2212 は何番目の数か。

■指針■　**n 進法で表された数**　まず 10 進法に直す。
　　　　n 進法の応用　数の列と n 進法の関係に着目。

解答　(1)　$11a01_{(2)}$ は 2 進法の数であるから　　　$0 \leq a \leq 1$
　　　$3b_{(7)}$ は 7 進法の数であるから　　　$0 \leq b \leq 6$
　　N を 10 進法で表すと
$$N = 11a01_{(2)} = 1 \cdot 2^4 + 1 \cdot 2^3 + a \cdot 2^2 + 0 \cdot 2^1 + 1 \cdot 2^0 = 4a + 25$$
$$N = 3b_{(7)} = 3 \cdot 7^1 + b \cdot 7^0 = b + 21$$
　　よって　　$4a + 25 = b + 21$　　　整理すると　　$4(a+1) = b$
　　ゆえに　　$a = 0$ のとき　$b = 4$　　　これは $0 \leq b \leq 6$ を満たす。
　　　　　　　$a = 1$ のとき　$b = 8$　　　これは $0 \leq b \leq 6$ を満たさない。
　　したがって　　**$a = 0$，$b = 4$**　答

(2)　この数の列は，3 進法で表された自然数の列と考えられる。
　　$212 = 21212_{(3)}$ であるから，212 番目の数は　**21212**　答
　　$2212_{(3)} = 2 \cdot 3^3 + 2 \cdot 3^2 + 1 \cdot 3^1 + 2 \cdot 3^0 = 77$
　　よって，2212 は **77 番目** の数である。　答

```
3 ) 212    余り
3 )  70 …2
3 )  23 …1
3 )   7 …2
3 )   2 …1
      0 …2
```

■■■ **B** ■■■

☑ **307**　(1)　10 進法の数 72 を n 進法で表すと，3 桁の数 $132_{(n)}$ になる 2 以上の自然数 n を求めよ。

(2)　5 進法で表したとき，4 桁になるような数の個数を 10 進法で答えよ。

☑ ***308**　3 桁の自然数 N を 7 進法で表すと 3 桁の数 $a0b_{(7)}$ になり，5 進法で表すと，逆の並びの 3 桁の数 $b0a_{(5)}$ になるという。a，b を求めよ。また，N を 10 進法で表せ。

☑ ***309**　5 種類の数字 0，1，2，3，4 を用いて表される自然数を，次のように小さい方から順に並べる。

　　　　1, 2, 3, 4, 10, 11, 12, 13, 14, 20, 21, 22, ……

(1)　2013 番目の数をいえ。　　　(2)　2013 は何番目の数か。

第3章 数学と人間の活動

32 座標の考え方

1 平面上の点の位置，空間の点の位置

① 平面上の点で，x 座標が a，y 座標が b であるような点Pの座標は (a, b) で表される。

② 空間の点で，x 座標が a，y 座標が b，z 座標が c であるような点Qの座標は (a, b, c) で表される。

2 2点間の距離

① 座標平面における 2 点 $A(x_1, y_1)$，$B(x_2, y_2)$ 間の距離は　$AB = \sqrt{(x_2-x_1)^2 + (y_2-y_1)^2}$

特に，原点Oと点Aの距離は　$OA = \sqrt{x_1{}^2 + y_1{}^2}$

② 座標空間における 2 点 $C(x_1, y_1, z_1)$，$D(x_2, y_2, z_2)$ 間の距離は

$$CD = \sqrt{(x_2-x_1)^2 + (y_2-y_1)^2 + (z_2-z_1)^2}$$

特に，原点Oと点Cの距離は　$OC = \sqrt{x_1{}^2 + y_1{}^2 + z_1{}^2}$

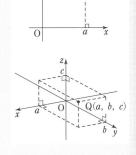

■■A■■

☐ **310** 平らな広場の地点Oを原点として，東の方向を x 軸の正の向き，北の方向を y 軸の正の向きとする座標平面を考える。また，1 m を 1 の長さとする。

*(1) 地点Oから西に 8 m，北に 2 m 進んだ位置にある点の座標を答えよ。

(2) 地点Oから東に 3 m，南に 1 m 進んだ位置にある点の座標を答えよ。

☐ ***311** 平らな広場の地点Oを原点として，東の方向を x 軸の正の向き，北の方向を y 軸の正の向きとする座標平面を考える。また，1 m を 1 の長さとする。地点Oと地点Aにはそれぞれ 1 本の木が植えてあり，Aの座標は $(92, 0)$ である。そして，2 点 O，A を結んだ線より北側の地点Pに宝物がある。地点Pは，Oからの距離が 29 m，Aからの距離が 75 m であるとき，地点Pの位置を求めよ。

☐ **Aのまとめ** **312** 平らな広場の地点Oを原点として，東の方向を x 軸の正の向き，北の方向を y 軸の正の向き，真上の方向を z 軸の正の向きとする座標空間を考える。また，1 m を 1 の長さとする。このとき，次の点の座標を求めよ。

(1) 地点Oから東に 4 m，北に 3 m 進み，真上に 2 m 上がった位置にある点

(2) 地点Oから西に 1 m，南に 5 m 進み，真下に 7 m 下がった位置にある点

座標空間における三角形

例題 38　座標空間において，A(2, 1, 3)，B(3, 2, −1)，C(4, 3, 4) を頂点とする三角形は，直角三角形であることを示せ。

指針　**三角形の形状**　2頂点間の距離を調べて，辺の長さの関係に注目して考える。

解答
$AB^2 = (3-2)^2 + (2-1)^2 + (-1-3)^2 = 18$
$BC^2 = (4-3)^2 + (3-2)^2 + \{4-(-1)\}^2 = 27$
$CA^2 = (2-4)^2 + (1-3)^2 + (3-4)^2 = 9$
$BC^2 = CA^2 + AB^2$ であるから，三平方の定理の逆により，△ABC は ∠A=90° の直角三角形である。　終

□ **313** 平らな広場の地点Oを原点として，東の方向を x 軸の正の向き，北の方向を y 軸の正の向きとする座標平面を考える。また，1 m を 1 の長さとする。地点A，B の座標をそれぞれ (−4, 1)，(3, −5) とする。

(1) 地点Aから東に 5 m 進み，南に 7 m 進んだ位置にある点の座標を答えよ。

(2) 地点Bから西に 4 m 進み，北に 1 m 進んだ位置にある点の座標を答えよ。

□*314 平らな広場の地点Oを原点として，東の方向を x 軸の正の向き，北の方向を y 軸の正の向き，真上の方向を z 軸の正の向きとする座標空間を考える。また，1 m を 1 の長さとする。この広場の上空に気球Pが浮かんでいる。レーザー距離計で，次のように測定した。ただし，気球Pは 1 つの点とみなす。

[1] 地点Oから東へ 15 m，北へ 1 m 進んだ地点 A(15, 1, 0) から，P までの距離を測ると　41 m

[2] 地点Oから北へ 21 m 進んだ地点 B(0, 21, 0) から，P までの距離を測ると　56 m

[3] 地点Oから南へ 11 m 進んだ地点 C(0, −11, 0) から，P までの距離を測ると　56 m

このとき，気球Pの位置を求めよ。

□ **315** (1) 座標平面において，A(1, 2)，B(3, 6)，C(−1, 3) を頂点とする三角形は，直角三角形であることを示せ。

*(2) 座標空間において，A(3, 2, 0)，B(3, 4, −2)，C(1, 2, −2) を頂点とする三角形は，正三角形であることを示せ。

33 補 素数の問題

素数の問題

例題 39 n は自然数とする。$n^2-28n+160$ が素数になるような n をすべて求めよ。

指針 2つの自然数 a, b ($a<b$) の積 ab が素数のとき $a=1$ かつ b が素数。

解答 $n^2-28n+160=(n-8)(n-20)=(8-n)(20-n)$

$n-8>n-20$, $8-n<20-n$ であるから, $n^2-28n+160$ が素数であるとき

$$n-20=1 \quad または \quad 8-n=1$$

$n-20=1$ より $n=21$ $\qquad$ $8-n=1$ より $n=7$

$n=21$ のとき $\quad n^2-28n+160=13\cdot1=13$ (素数)

$n=7$ のとき $\qquad n^2-28n+160=1\cdot13=13$ (素数)

よって, $n^2-28n+160$ が素数となるような n は $\quad$ **$n=7,\ 21$** 答

 *316 n は自然数とする。次の式の値が素数になるような n をすべて求めよ。

(1) $\dfrac{90}{n}$ $\qquad\qquad\qquad$ (2) $n^2-22n+40$

317 次の問いに答えよ。

(1) (ア) 5以上の素数を小さい方から順に 10 個あげよ。

(イ) (ア)であげた素数から予想できることについて, 下の文章の□に当てはまる自然数のうち, 最大のものを求めよ。ただし, □には同じ自然数が入るものとする。

5以上の素数は, □の倍数から 1 引いた数か, □の倍数に 1 足した数である。

(2) (1)(イ)の予想が正しいことを証明せよ。

318 (1) n^4+4 を因数分解せよ。

(2) n は 2 以上の自然数とする。n^4+4 は素数でないことを示せ。

319 n は自然数とする。n, $n+2$, $n+4$ がすべて素数ならば $n=3$ であることを示せ。

34 補 合 同 式

以下, m, k は正の整数, a, b, c, d は整数とする。

1 割り算の余りの性質

a, b を m で割ったときの余りを, それぞれ r, r' とする。

① $a+b$ を m で割った余りは, $r+r'$ を m で割った余りに等しい。

② $a-b$ を m で割った余りは, $r-r'$ を m で割った余りに等しい。

③ ab を m で割った余りは, rr' を m で割った余りに等しい。

④ a^k を m で割った余りは, r^k を m で割った余りに等しい。

2 ◆合同式

$a-b$ が m の倍数であるとき, a と b は m を **法** として **合同** であるといい, 式で

$$a \equiv b \pmod{m}$$

と表す。このような式を **合同式** という。$a \equiv b \pmod{m}$ は a を m で割った余りと, b を m で割った余りが等しいことを表す。

合同式については, 次のことが成り立つ。

[1] $a \equiv a \pmod{m}$

[2] $a \equiv b \pmod{m}$ のとき $b \equiv a \pmod{m}$

[3] $a \equiv b \pmod{m}$, $b \equiv c \pmod{m}$ のとき $a \equiv c \pmod{m}$

注意 $a \equiv b \pmod{m}$, $b \equiv c \pmod{m}$ を $a \equiv b \equiv c \pmod{m}$ と書いてもよい。

$a \equiv c \pmod{m}$, $b \equiv d \pmod{m}$ のとき

① $a+b \equiv c+d \pmod{m}$ ② $a-b \equiv c-d \pmod{m}$

③ $ab \equiv cd \pmod{m}$ ④ $a^k \equiv c^k \pmod{m}$

B

320 次のものを求めよ。

(1) 7^{100} を 6 で割った余り   *(2) 26^{40} を 5 で割った余り

(3) 3^{50} を 8 で割った余り   *(4) 2^{100} を 7 で割った余り

321* n は整数とする。合同式を用いて, 次のものを求めよ。

*(1) n を 7 で割った余りが 4 であるとき, n^2+3n+5 を 7 で割った余り

(2) n を 15 で割った余りが 3 であるとき, n^3+8n を 15 で割った余り

322 次のものを求めよ。

(1) 23^{23} の一の位   (2) 7^{50} の下 2 桁

■合同式の1次方程式

例題 40
次の合同式を満たす x を，それぞれの法 m において，
$x \equiv a \pmod{m}$ [a は m より小さい自然数] の形で表せ。
(1) $4x \equiv 3 \pmod{5}$　　　(2) $3x \equiv 6 \pmod{9}$

指針 合同式の扱い　$x = 0, 1, \cdots\cdots, m-1$ について，表を用いて調べる。

解答 (1) 下の表より，$4x \equiv 3 \pmod{5}$ となるのは，$x = 2$ のときである。

x	0	1	2	3	4
$4x$	0	4	$8 \equiv 3$	$12 \equiv 2$	$16 \equiv 1$

よって　　$x \equiv 2 \pmod{5}$　答

別解 [左辺の x の係数を1にすることを考える]
$4x \equiv 3 \pmod{5}$ の両辺に4を掛けて　　$16x \equiv 12 \pmod{5}$
$16x \equiv 1 \cdot x \equiv x \pmod{5}$，$12 \equiv 2 \pmod{5}$ であるから　　$x \equiv 2 \pmod{5}$　答

(2) 下の表より，$3x \equiv 6 \pmod{9}$ となるのは，$x = 2, 5, 8$ のときである。

x	0	1	2	3	4	5	6	7	8
$3x$	0	3	6	$9 \equiv 0$	$12 \equiv 3$	$15 \equiv 6$	$18 \equiv 0$	$21 \equiv 3$	$24 \equiv 6$

よって　　$x \equiv 2, 5, 8 \pmod{9}$　答

注意 ① $x \equiv a \pmod{m}$ または $x \equiv b \pmod{m}$ を，「$x \equiv a, b \pmod{m}$」と表す。
② 3は何倍しても9を法として1と合同にはならないから，(2)は(1)の別解の方法を使えない。また，$3x \equiv 6 \pmod{9}$ の両辺を3で割って，$x \equiv 2 \pmod{9}$ としてはいけない。

参考 一般に，a と m が互いに素であるときに限り，
$$ax \equiv ay \pmod{m} \implies x \equiv y \pmod{m}$$　が成り立つ。
証明 $ax \equiv ay \pmod{m} \iff a(x-y) = mk$ (k は整数)
a と m が互いに素であるから，$x-y$ は m の倍数である。
よって　　$x \equiv y \pmod{m}$　終

■■■ 発展 ■■■

323 次の合同式を満たす x を，それぞれの法 m において，$x \equiv a \pmod{m}$ の形で表せ。ただし，a は m より小さい自然数とする。
(1) $3x \equiv 4 \pmod{5}$　　(2) $8x \equiv 4 \pmod{9}$　　(3) $5x \equiv 10 \pmod{15}$

324 x, y は整数とする。次の問いに答えよ。
(1) $4x + 9y = 39$ のとき，$y \equiv 3 \pmod{4}$ であることを示せ。
(2) (1)の結果を用いて，方程式 $4x + 9y = 39$ の整数解をすべて求めよ。

35 等式を満たす整数 x, y の組

■■ x, y の2次方程式の整数解

例題 41　次の等式を満たす整数 x, y の組をすべて求めよ。
$$xy-3x+4y-17=0$$

■指針■　**方程式の整数解**　$xy+ax+by+ab=(x+b)(y+a)$ の変形を利用して、
$(x$ の1次式$)(y$ の1次式$)=$ 整数　の形に表す。

■解答■　方程式は次のように変形できる。
$$(x+4)(y-3)+12-17=0 \quad \text{すなわち} \quad (x+4)(y-3)=5$$
x, y は整数であるから、$x+4$, $y-3$ も整数である。
ゆえに　$(x+4,\ y-3)=(1,\ 5),\ (5,\ 1),\ (-1,\ -5),\ (-5,\ -1)$
よって　$(x,\ y)=(-3,\ 8),\ (1,\ 4),\ (-5,\ -2),\ (-9,\ 2)$　答

325　次の等式を満たす整数 x, y の組をすべて求めよ。

(1) $xy=6$

(2) $(x+y)y=7$

*(3) $(x+2y)(x-y)=4$

*(4) $(x+2)(y-5)=-3$

326　次の等式を満たす自然数 x, y の組をすべて求めよ。

*(1) $3xy+2y^2=8$

(2) $4x^2+3xy-10=0$

327　次の等式を満たす整数 x, y の組をすべて求めよ。

(1) $xy+7x-y=0$

*(2) $xy-3x+6y-23=0$

***328**　次の等式を満たす自然数 x, y の組をすべて求めよ。

(1) $\dfrac{2}{x}-\dfrac{1}{y}=\dfrac{1}{2}$

(2) $\dfrac{2}{x}+\dfrac{3}{y}=1+\dfrac{4}{xy}$

329　次の等式を満たす自然数 x, y の組をすべて求めよ。

(1) $x^2-y^2=12$

(2) $x^2-25y^2=-21$

330　n は自然数とする。$\sqrt{n^2+56}$ が自然数となるような n をすべて求めよ。

発展

331　次の等式を満たす整数 x, y の組をすべて求めよ。

(1) $x^2+2xy-3y^2=5$

(2) $x^2+2xy-3y^2+2x+14y=15$

36 第3章 演習問題

■ 掛けて自然数を作る分数

例題 42 $\dfrac{20}{21}$, $\dfrac{50}{33}$ のいずれに掛けても積が自然数になる分数のうち, 最も小さいものを求めよ。

指針 **自然数の作り方** 求める分数を $\dfrac{a}{b}$ (aとbは互いに素である自然数) とすると

$\dfrac{20}{21} \times \dfrac{a}{b}$ は自然数 $\longrightarrow$ a は 21 の倍数, b は 20 の約数

$\dfrac{50}{33} \times \dfrac{a}{b}$ は自然数 $\longrightarrow$ a は 33 の倍数, b は 50 の約数

解答 求める分数を $\dfrac{a}{b}$ (a, b は互いに素である自然数) とする。

$\dfrac{20}{21} \times \dfrac{a}{b}$ は自然数になるから, a は 21 の倍数, b は 20 の約数 …… ①

$\dfrac{50}{33} \times \dfrac{a}{b}$ は自然数になるから, a は 33 の倍数, b は 50 の約数 …… ②

①, ② から, a は 21 と 33 の公倍数, b は 20 と 50 の公約数となる。

求める分数 $\dfrac{a}{b}$ を最小にするには, a を最小にして, b を最大にすればよい。

よって, a は 21 と 33 の最小公倍数, b は 20 と 50 の最大公約数ということになる。

$\qquad 21 = 3 \cdot 7$, $33 = 3 \cdot 11$; $20 = 2^2 \cdot 5$, $50 = 2 \cdot 5^2$

ゆえに $\qquad a = 3 \cdot 7 \cdot 11 = 231$, $b = 2 \cdot 5 = 10$

したがって, 求める分数は $\dfrac{231}{10}$ **答**

B

☐ **332** $\dfrac{1}{20}$, $\dfrac{1}{42}$ のいずれに掛けても積が自然数になる整数のうち, 最も小さいものを求めよ。

☐ **333** $\dfrac{21}{10}$, $\dfrac{35}{16}$ のいずれに掛けても積が自然数になる分数のうち, 最も小さいものを求めよ。

☐ **334** 連続する 3 つの奇数の 2 乗の和に 1 を加えた数Nは, 12 の倍数であるが, 24 の倍数ではないことを証明せよ。

第3章 数学と人間の活動

ピタゴラス数の性質

例題 43 自然数 a, b, c が $a^2+b^2=c^2$ を満たすとき，a, b の少なくとも1つは3の倍数であることを証明せよ。

指針 **背理法の利用** 直接証明することが難しいときは，結論を否定して矛盾を導く。ここでは，「a, b の少なくとも1つは3の倍数である」が成り立たない，すなわち「a, b はともに3の倍数でない」と仮定して矛盾を示す。

解答 すべての整数 n は
$$n=3k, \quad n=3k+1, \quad n=3k+2 \ (k \text{ は整数})$$
のいずれかの形で表される。

$n=3k$ のとき $\quad n^2=(3k)^2=3\cdot 3k^2$

$n=3k+1$ のとき $\quad n^2=(3k+1)^2=9k^2+6k+1=3(3k^2+2k)+1$

$n=3k+2$ のとき $\quad n^2=(3k+2)^2=9k^2+12k+4=3(3k^2+4k+1)+1$

よって，n^2 を3で割ったときの余りは，0か1である。

ゆえに，a, b がともに3の倍数でないと仮定すると，a^2, b^2 を3で割った余りはどちらも1であるから

a^2+b^2 を3で割った余りは　2

c^2 を3で割った余りは　0か1

したがって，$a^2+b^2 \neq c^2$ となり矛盾。

よって，a, b の少なくとも1つは3の倍数である。 **終**

B

335 次のことを証明せよ。
(1) n が奇数のとき，n^3-n は24の倍数である。
(2) m, n が整数のとき，m^3n-mn^3 は6の倍数である。
(3) n が整数のとき，n^9-n^3 は9の倍数である。

発展

336 a, b が互いに素な自然数のとき，$\dfrac{3a+7b}{2a+5b}$ は既約分数であることを示せ。

337 自然数 a, b, c が $a^2+b^2=c^2$ を満たすとき，a, b, c のうち少なくとも1つは5の倍数であることを証明せよ。

338 自然数 N を7進法と8進法で表すと，ともに3桁の数であり，各位の数字の並びが逆になるという。N を10進法で表せ。

■2次方程式の整数解（判別式の利用）

例題 44　次の方程式の整数解をすべて求めよ。
(1) $x^2-2xy+3y^2-2x-8y+13=0$　(2) $x^2+xy+y-2=0$

指針　**2次方程式の整数解**　[1] 判別式 $D\geqq0$ による絞り込み。
　　　　　　　　　　　　　[2] $D=k^2$ の利用。

解答　(1) x について整理すると　$x^2-2(y+1)x+3y^2-8y+13=0$　……①
この x についての2次方程式の判別式を D とすると
$$D=2^2(y+1)^2-4(3y^2-8y+13)$$
$$=-8(y^2-5y+6)=-8(y-2)(y-3)$$
① の解は整数（実数）であるから，$D\geqq0$ である。
よって　$-8(y-2)(y-3)\geqq0$　　ゆえに　$2\leqq y\leqq3$
y は整数であるから　$y=2,\ 3$
[1] $y=2$ のとき　① は $x^2-6x+9=0$　　よって　$x=3$
[2] $y=3$ のとき　① は $x^2-8x+16=0$　　よって　$x=4$
[1], [2] から　$(x,\ y)=(3,\ 2),\ (4,\ 3)$　**答**

(2) x について解くと　$x=\dfrac{-y\pm\sqrt{y^2-4y+8}}{2}$　……②
x が整数であるためには，y^2-4y+8 が平方数であることが必要である。
よって　$y^2-4y+8=k^2$　（k は0以上の整数）
ゆえに　$(y-2)^2-k^2=-4$　　よって　$(y-2+k)(y-2-k)=-4$
$y,\ k$ は整数で，$y-2+k\geqq y-2-k$ であるから
$$(y-2+k,\ y-2-k)=(1,\ -4),\ (2,\ -2),\ (4,\ -1)$$
$y,\ k$ は整数であるから　$(y,\ k)=(2,\ 2)$
このとき，② より　$x=0,\ -2$
したがって　$(x,\ y)=(0,\ 2),\ (-2,\ 2)$　**答**

■■■ 発展 ■■■

339 次の方程式の整数解をすべて求めよ。
(1) $2x^2+3xy-5=0$　(2) $x^2-xy+3x-3y-2=0$

340 次の方程式の整数解をすべて求めよ。
(1) $xy-3x-2y-1=0$　(2) $x^2-xy-6y^2+4x-7y=0$

341 次の方程式の整数解をすべて求めよ。
(1) $5x^2+2xy+y^2-4x+4y+7=0$　(2) $x^2+xy+6x+7y-6=0$

ヒント 339, 340 因数分解を利用する。

総 合 問 題

ここでは，思考力・判断力・表現力の育成に特に役立つ問題をまとめて掲載しました。

☑ **1** Aさんの家には子どもが2人いる。男女の出生確率はそれぞれ $\frac{1}{2}$ であるとする。次の確率を求めよ。

(1) Aさんの2人の子どものうち，少なくとも1人が女の子であると聞かされたとき，子どもが2人とも女の子である確率

(2) Aさんの第一子が女の子であると聞かされたとき，子どもが2人とも女の子である確率

(3) Aさんの2人の子どものうち，少なくとも1人が火曜日に生まれた女の子であると聞かされたとき，子どもが2人とも女の子である確率

☑ **2** 右の図の △ABC は ∠B=90° の直角三角形であり，3点 D，E，F は △ABC の外心，内心，重心のいずれかであるとする。
このとき，△ABC の外心，内心，重心は3点 D，E，F のいずれであるか。

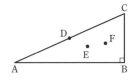

☑ **3** ある工場では，1日に生産する製品に1から順に番号を付けていた。しかし，ある日番号を付ける機械が故障し，0，1，2，5，8の数字しか使えなくなり，以下のように番号が付けられた。

1, 2, 5, 8, 10, 11, 12, 15, 18, 20, 21, 22, 25, ……

(1) この日に生産された製品に異常が見つかり，その製品に付いていた番号は258であった。異常が発見された製品はこの日何番目に生産された製品か。

(2) この日の工場では595個の製品が生産された。最後に生産された製品に付けられた番号は何番か。

☑ **4** Xさんは，学校の近くの神社で右
の図のような「算額」とよばれるも
のが展示されているのを見つけた。
算額とは，江戸時代に，額や絵馬に
和算の問題や解法を記して，神社な
どに奉納したものである。算額に興
味を持ったXさんは，家に帰ってか
ら算額に書かれていた問題と解法を
現代語に訳してみた。

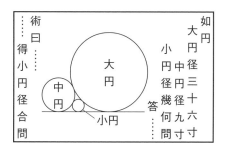

> 問題：大，中，小の3つの円が図のように互いに外接し，更に共通の直
> 　　　線に接している。大円の直径は 36 寸，中円の直径は 9 寸である
> 　　　とき，小円の直径の長さを求めよ。
> 解法：大円の直径を中円の直径で割ったものの平方根をとり，それに 1
> 　　　を足して 2 乗する。その 2 乗したもので大円の直径を割ると，小
> 　　　円の直径が求まる。

注意　「寸」は長さの単位で，1 寸 $= \dfrac{1}{33}$ m $\doteqdot 30.3$ mm である。

(1) 現代語訳した解法によると，小円の直径は

$$(大円の直径) \div \left(\sqrt{\frac{(大円の直径)}{(中円の直径)}} + 1 \right)^2$$

で与えられる。

大円の直径が 36 寸，中円の直径が 9 寸であるとき，小円の直径は何寸であ
るか。

(2) この解法が正しいことを示せ。

総合問題

答と略解

① 問題の要求している答の数値，図などをあげ，略解・略証は [ ] に入れて付した。

② [ ] の中には，本文・答にない文字でも断らずに用いている場合もあるので注意してほしい。

③ もちろん，[ ] の中は答案形式ではない。諸君が独力で考え，完全な答案にしてほしい。

---

1 (1) $\in$ (2) $\notin$ (3) $\notin$ (4) $\in$

2 (1) $\{-2, -1, 0, 1, 2, 3, 4, 5\}$
(2) $\{0, 1, 4\}$
(3) $\{1, 3, 5, 7, 9, 11, 13\}$
(4) $\{1, 2, 3, 4, 6, 8, 12, 24\}$

3 (1) $B \subset A$ (2) $A = B$
[(2) $A = \{2, 5\}$, $B = \{2, 5\}$]

4 P, S
[それぞれの集合の要素をみて，すべての要素が集合Aの要素である集合を選ぶ。
ただし，空集合は，どんな集合に対してもその部分集合であるから，選ぶ必要がある]

5 $\varnothing$, $\{p\}$, $\{q\}$, $\{r\}$, $\{s\}$, $\{p, q\}$, $\{p, r\}$, $\{p, s\}$, $\{q, r\}$, $\{q, s\}$, $\{r, s\}$, $\{p, q, r\}$, $\{p, q, s\}$, $\{p, r, s\}$, $\{q, r, s\}$, $\{p, q, r, s\}$
[要素の個数が 0 個の場合，1 個の場合，……，4 個の場合を順に書き並べるとよい]

6 (1) $\{2, 3\}$ (2) $\{1, 2, 3, 5, 7, 8, 10\}$
(3) $\{4, 6, 8, 9, 10\}$
(4) $\{1, 4, 5, 6, 7, 9\}$ (5) $\{1, 5, 7\}$
(6) $\{1, 2, 3, 4, 5, 6, 7, 9\}$
(7) $\{1, 4, 5, 6, 7, 8, 9, 10\}$
(8) $\{1, 4, 5, 6, 7, 8, 9, 10\}$
[(7), (8) $\overline{A \cap B} = \overline{A} \cup \overline{B}$]

7 (1) $\{2, 4, 8\}$ (2) $\{1, 2, 4, 6, 8\}$
(3) $\{6\}$ (4) $\{3, 5, 7\}$
[$A = \{1, 2, 4, 8\}$, $B = \{2, 4, 6, 8\}$]

8 (1) A (2) B
(3) $\varnothing$
[ベン図で考えるとわかりやすい。右の図参照]

9 (1) $\{5, 9, 13, 17, 21\}$
(2) $\{1, 9, 25, 49, 81\}$
[S の要素を書き並べると
$S = \{1, 3, 5, 7, 9\}$]

10 (1) $\{1, 2, 4, 8\}$
(2) $\{1, 2, 3, 4, 5, 6, 7, 8, 12, 16, 24\}$
[$A = \{1, 2, 4, 8, 16\}$,
$B = \{1, 2, 3, 4, 6, 8, 12, 24\}$,
$C = \{1, 2, 3, 4, 5, 6, 7, 8\}$]

11 (1) $\{3\}$
(2) $\{1, 2, 3, 4, 5, 6, 7, 8\}$
(3) $\{4\}$
(4) $\{1, 2, 4, 5, 6, 7, 8, 9, 10\}$
(5) $\{2, 3, 4, 6, 7\}$
(6) $\{1, 2, 7, 8\}$

12 $A = \{1, 2, 5, 6\}$, $B = \{1, 2, 4, 7\}$,
$A \cup \overline{B} = \{1, 2, 3, 5, 6\}$
[$A \cap B = \{1, 2\}$, $\overline{A} \cap B = \{4, 7\}$,
$\overline{A} \cap \overline{B} = \{3\}$ をベン図でかくと次の左の図のようになる。$U = \{1, 2, 3, 4, 5, 6, 7\}$ であるから，$A \cap \overline{B} = \{5, 6\}$ となり，次の右の図のようになる]

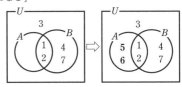

13 $a = 2$, $A \cup B = \{2, 3, 5, 6\}$
[$A \cap B = \{3, 5\}$ から $5 \in A$, $3 \in B$
よって，$3a - 3 = 3$ から $a = 2$
このとき $2a + 1 = 5$ 条件を満たす]

14 (1) 25 個 (2) 84 個 (3) 33 個
(4) 67 個
[全体集合を U, 4, 6 で割り切れる数全体の集合をそれぞれ A, B とすると
(2) $n(\overline{B}) = n(U) - n(B)$
(3) $n(A \cup B) = n(A) + n(B) - n(A \cap B)$
(4) $n(\overline{A} \cap \overline{B}) = n(\overline{A \cup B})$
$\qquad\qquad = n(U) - n(A \cup B)$]

15 (1) 333 個

(2) 200 個

(3) 66 個

(4) 467 個

(5) 667 個

(6) 533 個

(7) 267 個

[(3) 15 の倍数　(4) 333＋200－66

(5) 1000－333　(6) 1000－467

(7) 333－66]

16 (1) 28 人　(2) 2 人

[全体集合を U，数学，英語の合格者の集合を，それぞれ A，B とする。$n(U)=60$，$n(A)=30$，$n(B)=50$，$n(\overline{A}\cap\overline{B})=8$

(1) $n(A\cup B)=n(U)-n(\overline{A\cup B})$

$=n(U)-n(\overline{A}\cap\overline{B})=52$

(2) $n(A\cap\overline{B})=n(A)-n(A\cap B)$]

17 (1) 43 個　(2) 29 個

[3，7 で割り切れる数全体の集合をそれぞれ A，B とすると

(1) $n(A\cup B)=n(A)+n(B)-n(A\cap B)$

(2) $n(A\cap\overline{B})=n(A)-n(A\cap B)$]

18 (1) 8 個　(2) 24 個　(3) 27 個

(4) 18 個

[ベン図をかいて調べる]

19 (1) 59 個　(2) 28 個

[3，7 で割り切れる数全体の集合をそれぞれ A，B とすると

(1) $n(\overline{A}\cap\overline{B})=n(\overline{A\cup B})$

(2) $n(A\cap\overline{B})=n(A)-n(A\cap B)$]

20 (1) 最も多くて 75 人，最も少なくて 55 人

(2) 最も多くて 20 人，最も少なくて 0 人

[海外旅行者全体の集合を U とし，かぜ薬を携帯した人の集合を A，胃薬を携帯した人の集合を B とする。

(1) $n(A\cap B)=75+80-n(A\cup B)$

$n(A\cap B)$ は $A\subset B$ のとき最大，$A\cup B=U$ のとき最小。

(2) $n(\overline{A}\cap\overline{B})=100-n(A\cup B)$]

21 (1) 146 個　(2) 27 個

[2，3，5 で割り切れる数全体の集合をそれぞれ A，B，C とすると

(1) $n(A\cup B\cup C)$

(2) $n(A\cap B)-n(A\cap B\cap C)$]

22 (1) 6 通り　(2) 12 通り

[樹形図をかく]

23 (1) 4 通り　(2) 25 通り

24 (1) 8 通り　(2) 6 通り　(3) 10 通り

[(2) 目の和は 6 または 12

(3) 目の和は 9 または 10 または 11 または 12]

25 32 通り

[積の法則から　8×4]

26 27 通り

27 (1) 8 個　(2) 24 個

[(1) 2×4　(2) 2×3×4]

28 (1) 12 通り　(2) 12 通り

[(1) さいころの目の和が 3，6，9，12 の場合について考え，和の法則を利用する]

29 (前半) 5 通り　(後半) 3 通り

[(前半) 問題 23 (1) と同様。

(後半) 大小の区別がないから，例えば

(大 6，小 2) と (大 2，小 6) は同じものとみなされる]

30 45 個

[一の位と十の位の数がともに奇数またはともに偶数のとき。

ともに奇数の場合は 5×5；ともに偶数の場合は，十の位は 0 にはならないから 4×5]

31 (1) 450 通り　(2) 775 通り

[(1) 各位すべてが奇数か，1 つの位だけが奇数の場合を考える。ただし，百の位は 0 にはならないことに注意。

(5×5×5)＋(5×5×5＋<u>4</u>×5×5＋<u>4</u>×5×5)

(2) 各位の少なくとも 1 つが偶数であればよいから，(3 桁の自然数全体)－(各位すべて奇数) を考える。9×10×10－5×5×5]

32 (1) 59 通り　(2) 91 通り

[(1) (4＋1)(3＋1)(2＋1)－1

(2) 100 円，500 円硬貨で，0 円～2200 円まで 100 円きざみの 23 通り支払うことができる。

[つまり (500 円硬貨 1 枚)＝(100 円硬貨 5 枚) と考えて

(100 円硬貨 7 枚＋500 円硬貨 3 枚)

＝(100 円硬貨 22 枚)

から 22＋1＝23 (通り)]

そのおのおのに対して，10 円硬貨が 0 円～30 円の (3＋1) 通り。ただし，すべての硬貨が 0 枚を除くから　(22＋1)×(3＋1)－1]

33 15 通り

[柿を 0 としたとき，（りんご，みかん）の取り出し方は

$(0, 6)$，$(1, 5)$，$(2, 4)$，$(3, 3)$，$(4, 2)$

以下同様に，柿を 1 個取り出したとき，柿を 2 個取り出したときの場合をそれぞれ考える]

34 順に (1) 12 個，280 (2) 12 個，1240

(3) 5 個，121 (4) 24 個，1170

[(1) 約数は $(2+1)(3+1)$ 個，

約数の総和は $(1+2+2^2)(1+3+3^2+3^3)$

(2) $675=3^3 \cdot 5^2$ (3) $81=3^4$

(4) $360=2^3 \cdot 3^2 \cdot 5$]

35 7 組

[$z=1$，2，3 で場合分け。$z=1$ のとき

$x+2y=9$ から $y=1$，2，3，4 の 4 通り。

以下同様に調べる]

36 7 通り

[10 円，30 円，70 円のあめ玉を，それぞれ x 個，

y 個，z 個買うとすると

$10x+30y+70z=230$ (x，y，z は自然数)

$z=1$，2 で場合分け]

37 (1) 210 (2) 840 (3) 5040 (4) 1 (5) 7

(6) 5040 (7) $n(n-1)$ (8) $(n+1)n(n-1)$

[展開して (7) n^2-n (8) n^3-n

と答えてもよい]

38 (1) 60 (2) 2520 (3) 120

[(1) ${}_5P_3$ (2) ${}_7P_5$ (3) ${}_5P_5$]

39 (1) 336 通り (2) 336 通り

[(1) 番号 ① のついたいすには，8 人の生徒の誰かが座る。番号 ② のついたいすには，残りの 7 人の生徒の誰かが座る。

(2) 3 人の生徒 A，B，C の A は，①～⑧ のいずれかに座る。B は，①～⑧ のうちで A が座ったいすの残りの 7 脚のいすのいずれかに座る]

40 (1) 60 個 (2) 504 通り (3) 720 通り

41 (1) 240 種類 (2) 720 通り

[(1) 16 個の異なるもの（駅）から 2 個を選んで発駅と着駅に分ける方法である。

(2) 6!]

42 (1) 1440 通り (2) 3600 通り

(3) 120 通り (4) 1440 通り (5) 960 通り

[(1) 6!×2 (2) 7!−(1) (3) 5!

(4) 残りの 4 文字の間と両端の 5 か所のうちの異なる 3 か所に i，m，p の 3 文字が並ぶ方法は ${}_5P_3$ 通り。

よって 4!×${}_5P_3$

(5) i と m の間の 2 文字の並べ方は ${}_5P_2$ 通り，i と m を入れ替えて ${}_5P_2$×2 通り。

また，i□□m の 4 文字を 1 文字とみて，4 文字の並べ方は 4!

よって ${}_5P_2$×2×4!]

43 (1) 144 通り (2) 1152 通り

[(1) 母音が 3 個，子音が 4 個であるから

交互になるためには 子母子母子母子

よって 4!×3!

(2) 母子母子母子母 または

子母子母子母子母

よって 2×4!×4!]

44 (1) 1440 通り (2) 3600 通り

(3) 2880 通り (4) 720 通り (5) 288 通り

(6) 1440 通り (7) 2880 通り

[(1) 両端が大人であるから ${}_4P_2$ 通り。

そのおのおのに対して，残り 5 人が 5! 通り。

(2) (全体)−(両端が大人の場合)

(3) (全体)−(両端が大人の場合)

 −(両端が子どもの場合)

(4) $(4+1)!×3!$

(5) 2×4!×3!

(6) 大人 4 人の間か両端の 5 か所のうちの異なる 3 か所に子ども 3 人が並ぶ方法は ${}_5P_3$ 通り。

よって 4!×${}_5P_3$

(7) 大人 4 人の間か両端の 5 か所のうちの異なる 2 か所に子ども 2 人と 1 人が入るから

4!×${}_5P_2$×3×2!]

45 (1) 840 個 (2) 360 個 (3) 480 個

(4) 120 個

[(1) ${}_7P_4$

(2) 一の位の数は 2，4，6 から 3×${}_6P_3$

(3) 4×${}_6P_3$ 別解 (1)−(2)

(4) 一の位の数は 5 と定まる。1×${}_6P_3$]

46 (1) 720 個　(2) 420 個　(3) 300 個
(4) 440 個
[(1) 千の位が 0 でないから　$6 \times {}_6P_3$
(2) 一の位が 0 のとき　${}_6P_3$
一の位が 2, 4, 6 のとき　$3 \times 5 \times {}_5P_2$
よって　${}_6P_3 + 3 \times 5 \times {}_5P_2$
(3) $3 \times 5 \times {}_5P_2$　別解　(1)−(2)
(4) 千の位が 3 のとき　$4 \times {}_5P_2$
千の位が 4, 5, 6 のとき　$3 \times {}_6P_3$
よって　$4 \times {}_5P_2 + 3 \times {}_6P_3$]

47 (1) 120 個　(2) 288 個　(3) 216 個
(4) 216 個
[(1) 一の位が 0 であるから　${}_5P_4$
(2) $3 \times 4 \times {}_4P_3$
(3) 一の位が 0 のとき　${}_5P_4$
一の位が 5 のとき　$4 \times 4 \times {}_4P_3$
よって　${}_5P_4 + 4 \times {}_4P_3$
(4) 3 の倍数となるのは, 各位の数字の和が 3 の倍数のときで, 5 数の組は
(1, 2, 3, 4, 5), (0, 1, 2, 4, 5)
よって　${}_5P_5 + 4 \times {}_4P_4$]

48 (1) EIHKNS　(2) 633 番目
[(1) EH○○○○ となる文字列は ${}_4P_4 = 24$ 個ある。よって, 25 番目は EI○○○○ となる最初の文字列。
(2) SHI○○○ の形の 3 番目。
${}_5P_5 \times 5 + {}_4P_4 + {}_3P_3 + 3$]

49 (1) 93 番目　(2) 4132
(3) 121 番目, 3012
[(1) 1□□□ の場合は ${}_5P_3$
20□□, 21□□ はそれぞれ ${}_4P_2$
230□, 231□ はそれぞれ ${}_3P_1$
2340, 2341, 2345
(2) $200 = {}_5P_3 \times 3 + {}_4P_2 \times 1 + {}_3P_1 \times 2 + 2$
　　　　0 以外の
(3+1) 番目で 4　　(2+1) 番目で 3　2 番目で 2
　　　　　残りから
　　　　(1+1) 番目で 1
(3) 1□□□, 2□□□ の次であるから
${}_5P_3 + {}_5P_3 + 1$ (番)
その番号は 3□□□ で最も早いもの]

50 (1) 720 通り　(2) 4320 通り
[(1) 1〜3 番目に 1, 2, 3 の数字の並べ方は ${}_3P_3$ 通り。
4〜8 番目に 4, 5, 6, 7, 8 の数字の並べ方は ${}_5P_5$ 通り。
よって　${}_3P_3 \times {}_5P_5$
(2) 3 番目までの 1, 2 以外の数字の選び方は 6 通り。
1〜3 番目の数字の並べ方は ${}_3P_3$ 通り。
4〜8 番目の数字の並べ方は ${}_5P_5$ 通り。
よって　$6 \times {}_3P_3 \times {}_5P_5$]

51 (1) 120 通り　(2) 420 通り
[(1) ${}_5P_5$
(2) [1] 5 色使うとき　(1) から ${}_5P_5$
[2] 4 色使うとき　B と D または C と E が同色になるから $2 \times {}_5P_4$
[3] 3 色使うとき　B と D が同色, C と E も同色になるから ${}_5P_3$
よって　${}_5P_5 + 2 \times {}_5P_4 + {}_5P_3$]

52 (1) 720 通り　(2) 5040 通り　(3) 120 通り

53 (1) 8 通り　(2) 64 個　(3) 243 通り
(4) 64 個
[(1) 2^3　(2) 4^3　(3) 3^5　(4) 2^6]

54 (1) 40320 通り　(2) 1296 通り

55 1344 通り
$\left[\dfrac{{}_8P_5}{5} \right]$

56 (1) 48 通り　(2) 24 通り
[(1) 大人 2 人を 1 組と考え, この 1 組と子ども 4 人の円順列で $(5-1)!$ 通り。
このおのおのに対して, 大人 2 人の並び方が 2 通りあるから　$(5-1)! \times 2$
(2) 大人 2 人の席は固定できるから, 子ども 4 人の着席の方法で　${}_4P_4$]

57 30 通り
[1 個の面の色を固定すると, その面の対面の色の決め方は 5 通り。
側面の色の決め方は 4 色の円順列で $(4-1)!$ 通り。
よって　$5 \times (4-1)!$]

58 60 通り
$\left[\dfrac{(6-1)!}{2} \right]$

59 (1) 768 個 (2) 1024 個 (3) 384 個

[(1) 万の位には 0 が使えないから 3 通り。
千, 百, 十, 一の位には 4 種類の数字がどれも
使えるから 4^4 通り。
よって 3×4^4

(2) 1 桁, 2 桁, ……, 5 桁の順に, それぞれ
考えると
$4 + 3 \times 4 + 3 \times 4^2 + 3 \times 4^3 + 3 \times 4^4$

(3) 一の位は 0, 2 の 2 通り。万の位は 0 は使え
ないから 3 通り。他の位は 4^3 通り。
よって $2 \times 3 \times 4^3$]

60 128 個

[a_2, ……, a_8 について, $\{a_1, a_9\}$ を含む集合
に入るか入らないかの 2 通りの場合がある]

61 (1) 30 通り (2) 6 個

[(1) 1 個, 2 個, 3 個, 4 個並べる方法はそ
れぞれ 2, 2^2, 2^3, 2^4 通りあるから
$(2 + 2^2 + 2^3 + 2^4)$ 通り

(2) 5 個並べる方法は 2^5 通りあるから
$2 + 2^2 + 2^3 + 2^4 + 2^5 = 30 + 32 = 62$
6 個並べる方法は 2^6 通りあるから
$2 + 2^2 + 2^3 + 2^4 + 2^5 + 2^6 = 62 + 64 = 126$ となり,
6 個まで並べたとき記号は 100 通りを超える]

62 (1) 1024 通り (2) 1022 通り
(3) 511 通り

[(1) どの 10 人も, A, B 2 通りの入り方があ
るから 2^{10} 通り

(2) (1)において, A または B に 1 人もいない場
合の数は 2 であるから $(2^{10} - 2)$ 通り

(3) (2)において, グループの区別をなくすと
$(2^{10} - 2) \div 2$ 通り]

63 (1) 165 (2) 6 (3) 7 (4) 1 (5) 1
(6) 6 (7) 36 (8) $\dfrac{n(n-1)(n-2)}{6}$

$\left[\text{(8) } \dfrac{n^3 - 3n^2 + 2n}{6} \text{ でもよい} \right]$

64 (1) 35 通り (2) 210 通り (3) 120 通り
[(1) $_7C_3$ (2) $_{10}C_4$ (3) $_{10}C_3$]

65 (1) 120 個 (2) 210 個 (3) 45 本
(4) 35 本
[(1) $_{10}C_3$ (2) $_{10}C_4$ (3) $_{10}C_2$
(4) (3)で求めた線分の数から辺の数を除く]

66 (1) 210 通り (2) 90 通り
[(1) $_{10}C_4$ (2) $_4C_2 \times _6C_2$]

67 (1) 280 通り (2) 10080 通り

$\left[\text{(1) } \dfrac{8!}{3!4!} \quad \boxed{別解} \quad _8C_3 \times _5C_4 \quad \text{(2) } \dfrac{8!}{2!2!} \right]$

68 (1) 4845 通り (2) 100 通り (3) 420 個
(4) 3360 通り
[(2) $_5C_2 \times _5C_2$

(3) 8 本の平行線から 2 本, それらに交わる 6
本の平行線から 2 本選ぶと, 平行四辺形が 1 個
できるから $_8C_2 \times _6C_2$]

69 (1) 28 通り (2) 56 通り
[(1) a, b は確定しているから, 残り 8 人から
2 人を選ぶ。

(2) 残り 8 人から 3 人を選ぶ]

70 (1) 32 個 (2) 8 個 (3) 16 個
[(1) 共有する 1 辺のとり方は 8 通り。そのお
のおのに対してその 1 辺と両隣の 2 辺の端点を
除く 8 − 4 = 4 (個) から 1 点を選んで作る。

(3) (全体) − (1 辺を共有) − (2 辺を共有)]

71 (1) 27720 通り (2) 16632 通り
(3) 369600 通り (4) 27720 通り
(5) 8316 通り (6) 15400 通り
[(1) A 室に入る 5 人の選び方は $_{12}C_5$
B 室に入る 4 人の選び方は $_7C_4$
残り 3 人は C 室に入ると考えればよい。

(2) $_{12}C_5 \times _7C_5$

(5) (2)で A, B の区別がないから (2)÷2

(6) (3)で A, B, C, D の区別がないから
(3)÷4!]

72 (1) 210 個 (2) 126 個 (3) 210 個
[(2) a, b, c, d は 0 とならないから, 1 ～ 9
の 9 個から 4 個を選ぶ。

(3) $a < b < c < d$ と $a < b < c = d$ の場合に分け
て考える]

73 (1) 924 通り (2) 420 通り
(3) 180 通り (4) 774 通り
$\left[\text{(1) } \dfrac{12!}{6!6!} \quad \text{(2) } \dfrac{4!}{2!2!} \times \dfrac{8!}{4!4!} \right.$

(3) $\dfrac{4!}{2!2!} \times \dfrac{3!}{2!} \times \dfrac{5!}{3!2!}$

(4) (1)の結果から×印の箇所を通る経路数を除
く。$\left. \dfrac{12!}{6!6!} - \dfrac{5!}{3!2!} \times \dfrac{6!}{2!4!} \right]$

74 (1) 3通り　(2) 60通り　(3) 240通り

[(1) 残り3個の空欄にT1個，I2個を並べる順列で $\dfrac{3!}{2!}$ 通り

(2) A，K，Bを同じ文字○とみて，○3個，T1個，I2個を並べる順列で $\dfrac{6!}{3!2!}$ 通り

(3) すべての並べ方は $\dfrac{6!}{2!}$ 通り

AとKが隣り合う並べ方は，AKあるいはKAを1つと考えて $\dfrac{5!}{2!}\times2$ 通り

よって $\dfrac{6!}{2!}-\dfrac{5!}{2!}\times2$

[別解] AとKが隣り合わない → 残りの4文字の間と両端の5か所から2か所選ぶ方法は $_5C_2$ 通り。AとKの入れ替えで2通り。

残りの4文字の順列は $\dfrac{4!}{2!}$

よって $_5C_2\times2\times\dfrac{4!}{2!}$]

75 組合せ，順列の順に

(1) 4通り，16通り

(2) 6通り，72通り

(3) 5通り，120通り

(4) 15通り，208通り

[(1) $_4C_1$，$_4C_1\times\dfrac{4!}{3!}$　(2) $_4C_2$，$_4C_2\times\dfrac{4!}{2!}$

(3) $_5C_4$，$_5P_4$

(4) (1), (2), (3)のすべての和]

76 (1) 36通り　(2) 15通り

[(1) $_{3+7-1}C_7$　(2) $_{3+4-1}C_4$]

77 (1) 21通り　(2) 126通り

[(1) $_{3+5-1}C_5$

(2) 赤5個を3つの箱に，白2個を3つの箱に入れるそれぞれの場合の数を考えて $_{3+5-1}C_5\times_{3+2-1}C_2$]

78 45通り　[$_{3+8-1}C_8$]

79 28個

[a, b, c の3種類の文字から重複を許して6個取る組合せに等しい。すなわち $_{3+6-1}C_6$]

80 165個

[1から9の9個の数字から重複を許して3個取る組合せに等しい。すなわち $_{9+3-1}C_3$]

81 (1) 20通り　(2) 56通り

[(1) 1～6の6個から異なる3個を選べばよいから，$_6C_3$ 通り。あとは，数の大きい順に並べる。

(2) 異なる6個から重複を許して3個選べばよいから $_{6+3-1}C_3$ 通り]

82 (1) 15個　(2) 10個

[(1) $_{3+4-1}C_4$

(2) $x=X+1$, $y=Y+1$, $z=Z+1$ とおくと，X, Y, Z は0以上の整数。

$X+Y+Z=3$ であるから (X, Y, Z) の組の場合の数は $_{3+3-1}C_3$]

83 黒玉2個を黒₁，黒₂，白玉4個を白₁，白₂，白₃，白₄ とする。

(1) {(黒₁, 黒₂), (黒₁, 白₁), (黒₁, 白₂),
(黒₁, 白₃), (黒₁, 白₄), (黒₂, 白₁),
(黒₂, 白₂), (黒₂, 白₃), (黒₂, 白₄),
(白₁, 白₂), (白₁, 白₃), (白₁, 白₄),
(白₂, 白₃), (白₂, 白₄), (白₃, 白₄)}

(2) {(黒₁, 黒₂), (黒₁, 白₁), (黒₁, 白₂),
(黒₁, 白₃), (黒₁, 白₄), (黒₂, 白₁),
(黒₂, 白₂), (黒₂, 白₃), (黒₂, 白₄)}

84 (1) 起こりうる場合は全部で8通りある。

そのうち，(表, 裏) の出方について，(3, 0)は1通り，(2, 1) は3通り，(1, 2) は3通り，(0, 3) は1通り。

したがって，3枚とも表が出る確率は $\dfrac{1}{8}$

(2) 起こりうる場合は全部で36通りある。

そのうち，目の積が偶数になる場合は27通り。

したがって，目の積が偶数になる確率は $\dfrac{3}{4}$

85 (1) $\dfrac{4}{15}$　(2) $\dfrac{1}{5}$

86 (1) $\dfrac{5}{36}$　(2) $\dfrac{1}{9}$

87 (1) $\dfrac{5}{14}$　(2) $\dfrac{5}{42}$

[(1) $\dfrac{_4C_2\times_5C_1}{_9C_3}$　(2) $\dfrac{_5C_3}{_9C_3}$]

88 (1) いずれも $\dfrac{1}{3}$ (2) $\dfrac{80}{221}$

[(1) A が勝つ場合は (A, B)＝(グ, チ),
(チ, パ), (パ, グ) の 3 通り。
A が負ける場合は (A, B)＝(グ, パ),
(チ, グ), (パ, チ) の 3 通り。
あいこになる場合は 3 通り。

(2) $\dfrac{{}_{12}C_1 \times {}_{40}C_1}{{}_{52}C_2}$]

89 (前半) $\dfrac{1}{130}$ (後半) $\dfrac{1}{130}$

[(前半) $\dfrac{{}_4P_2}{{}_{40}P_2}$ (後半) $\dfrac{{}_4C_2}{{}_{40}C_2}$]

90 (1) $\dfrac{5}{9}$ (2) $\dfrac{5}{108}$

[(1) $\dfrac{{}_6P_3}{6^3}$

(2) 積が 140 より大きくなる 3 つの目の組合せ
は (4, 6, 6), (5, 5, 6), (5, 6, 6), (6, 6, 6)
の場合が適する。これは全部で 10 通り。

よって $\dfrac{10}{6^3}$]

91 (1) $\dfrac{1}{15}$ (2) $\dfrac{1}{3}$ (3) $\dfrac{1}{2}$

[例題 10 参照。

(1) $\dfrac{2! \times 4!}{6!}$ (2) $\dfrac{5! \times 2!}{6!}$

(3) S と Y を同じものと考えると $\dfrac{\frac{6!}{2!}}{6!}$]

92 (1) $\dfrac{1}{9}$ (2) $\dfrac{1}{3}$

[(1) A がチョキのとき B と C がグーを出す場
合など 3 通りある。よって $\dfrac{3}{3^3}$

(2) 勝者の決まり方は, A か B か C かの 3 通り。
そのおのおのに対して勝ち方が 3 通りある。

よって $\dfrac{3 \times 3}{3^3}$]

93 2 個または 6 個

[赤玉の個数を n (n は整数, $1 \leqq n \leqq 7$) とすると
$\dfrac{{}_nC_1 \times {}_{8-n}C_1}{{}_8C_2} = \dfrac{3}{7}$]

94 (1) $\dfrac{1}{6}$ (2) $\dfrac{2}{3}$

(3) A と C, A と D, B と D
[$A = \{2, 4, 6\}$, $B = \{3, 6\}$, $C = \{1, 3, 5\}$,
$D = \{1, 5\}$]

95 A と C

[$A \cap B = \{(1, 6), (6, 1)\}$,
$B \cap C = \{(2, 3), (3, 2)\}$, $C \cap A = \varnothing$]

96 (1) $\dfrac{1}{6}$ (2) $\dfrac{25}{42}$

[(1) 赤 3 個または白 3 個の場合があるから,
加法定理により $\dfrac{{}_4C_3}{{}_9C_3} + \dfrac{{}_5C_3}{{}_9C_3}$

(2) 赤 1 個と白 2 個 または 白 3 個の場合があ
るから $\dfrac{{}_4C_1 \times {}_5C_2}{{}_9C_3} + \dfrac{{}_5C_3}{{}_9C_3}$]

97 (1) $\dfrac{1}{5}$ (2) $\dfrac{3}{25}$ (3) $\dfrac{3}{10}$

[(3) (5 の倍数の確率)＋(8 の倍数の確率)
－(40の倍数の確率)]

98 $\dfrac{31}{32}$

[余事象を考えると $1 - \dfrac{1}{2^5}$]

99 $\dfrac{86}{91}$

[$1 - \dfrac{{}_6C_3}{{}_{14}C_3}$]

100 (1) $\dfrac{1}{4}$ (2) $\dfrac{8}{9}$

[(1) 和が 4, 8, 12 の場合。

(2) $1 - \dfrac{4}{6^2}$]

101 $P(A \cap B) = 0.1$, $P(\overline{A} \cup B) = 0.8$
[$P(A \cap B) = P(A) + P(B) - P(A \cup B)$,
$P(\overline{A} \cup B) = P(\overline{A}) + P(A \cap B)$]

102 $\dfrac{79}{84}$

[取り出した 3 個の玉がすべて同じ色である場
合の確率は $\dfrac{{}_3C_3}{{}_9C_3} + \dfrac{{}_4C_3}{{}_9C_3}$
余事象の確率を利用する]

103 (1) $\dfrac{1}{8}$ (2) $\dfrac{7}{24}$ (3) $\dfrac{19}{216}$

[(1) $\dfrac{3^3}{6^3}$ (2) $\dfrac{4^3-1}{6^3}$ (3) $\dfrac{3^3}{6^3} - \dfrac{2^3}{6^3}$]

104 (1) $\dfrac{7}{40}$ (2) $\dfrac{169}{1000}$

[(1) $\dfrac{{}_7C_2}{{}_{10}C_3}$ (2) $\dfrac{8^3}{10^3} - \dfrac{7^3}{10^3}$]

105 (1) $\dfrac{1}{8}$ (2) $\dfrac{7}{8}$ (3) $\dfrac{5}{8}$

$\left[\text{(1)} \ \dfrac{3^3}{6^3} \quad \text{(2)} \ 1-\dfrac{3^3}{6^3}\right.$

(3) 積が4で割り切れない場合は、「すべて奇数の目」または「1個が2または6の目で、残り2個が奇数の目」で $(3^3+2\times3^2\times3)$ 通り。

$\left.\text{よって} \quad 1-\dfrac{3^3+2\times3^2\times3}{6^3}\right]$

106 (1) 独立である (2) 独立でない

107 $\dfrac{1}{3}$ $\left[\dfrac{4}{6}\times\dfrac{3}{6}\right]$

108 (1) $\dfrac{1}{9}$ (2) $\dfrac{1}{18}$

$\left[\text{(1)} \ \dfrac{2}{6}\times\dfrac{2}{6} \quad \text{(2)} \ \dfrac{1}{6}\times\dfrac{2}{6}\right]$

109 $\dfrac{21}{121}$

$\left[\dfrac{7}{11}\times\dfrac{{}_6C_2}{{}_{11}C_2}\right]$

110 (1) $\dfrac{12}{125}$ (2) $\dfrac{18}{125}$

$\left[\text{(1)} \ \dfrac{2}{5}\times\dfrac{3}{5}\times\dfrac{2}{5}\right.$

(2) 黒, 黒, 白の場合で $\left.\dfrac{3}{5}\times\dfrac{3}{5}\times\dfrac{2}{5}\right]$

111 $\dfrac{13}{25}$

$\left[\text{2回続けて赤玉が出る確率は} \ \dfrac{6}{10}\times\dfrac{6}{10},\right.$

2回続けて白玉が出る確率は $\dfrac{4}{10}\times\dfrac{4}{10}$

これらは互いに排反$\Big]$

112 $\dfrac{7}{40}$

$\left[\text{箱Aから赤玉1個が出る確率は}\dfrac{3}{8}, \text{箱Bから}\right.$

はずれくじ3本を引く確率は $\dfrac{{}_8C_3}{{}_{10}C_3}$

よって $\left.\dfrac{3}{8}\times\dfrac{{}_8C_3}{{}_{10}C_3}\right]$

113 $\dfrac{5}{14}$

$\big[$赤玉1個が取り出されるのが, Aの箱からか, Bの箱からかで場合分け。

$\left.\dfrac{{}_5C_1\cdot{}_1C_1}{{}_7C_2}\times\dfrac{{}_3C_2}{{}_5C_2}+\dfrac{{}_5C_2}{{}_7C_2}\times\dfrac{{}_3C_1\cdot{}_2C_1}{{}_5C_2}\right]$

114 (1) $\dfrac{1}{6}$ (2) $\dfrac{7}{12}$ (3) $\dfrac{3}{4}$

$\big[$例題12参照。

(2) (Aが当て, Bがはずす), (Aがはずし, Bが当てる) の2通りあるから

$\dfrac{1}{4}\times\left(1-\dfrac{2}{3}\right)+\left(1-\dfrac{1}{4}\right)\times\dfrac{2}{3}$

(3) (1)+(2) あるいは余事象の確率利用$\big]$

115 (1) $\dfrac{1}{9}$ (2) $\dfrac{1}{3}$ (3) $\dfrac{1}{9}$

$\big[$(1) Bの3通りの手の出し方に対して, A, Cは1通りずつであるから $\dfrac{3\times1^2}{3^3}$

(2) 誰も勝たない（あいこになる）のは, 3人とも同じ手（3通り）か, 3人とも異なる手 (3! 通り) であるから $\dfrac{3+3!}{3^3}$

(3) 2回目でAだけ勝つ場合は, 1回目にあいことなり, 2回目にAだけ勝つ $\left(\dfrac{1}{3}\times\dfrac{1}{9}\right)$ か, 1回目でAを含む2人が勝ち, 2回目でAが勝つ $\left(\dfrac{3\times2}{3^3}\times\dfrac{3\times1}{3^2}\right)$ 場合である$\Big]$

116 (1) $\dfrac{5}{72}$ (2) $\dfrac{4}{9}$

$\left[\text{(1)} \ {}_3C_2\left(\dfrac{1}{6}\right)^2\left(\dfrac{5}{6}\right) \quad \text{(2)} \ {}_3C_1\left(\dfrac{2}{6}\right)\left(\dfrac{4}{6}\right)^2\right]$

117 $\dfrac{5}{64}$

$\left[{}_4C_3\left(\dfrac{1}{2}\right)^3\left(\dfrac{1}{2}\right)\times{}_5C_2\left(\dfrac{1}{2}\right)^2\left(\dfrac{1}{2}\right)^3\right]$

118 (1) $\dfrac{1}{64}$ (2) $\dfrac{5}{32}$

$\left[\text{(1)} \ \text{表裏表裏裏表 となるから} \ \left(\dfrac{1}{2}\right)^6\right.$

(2) 5回投げるまでに2度表が出て, 6回目に3度目の表が出るから

$\left.{}_5C_2\left(\dfrac{1}{2}\right)^2\left(\dfrac{1}{2}\right)^3\times\dfrac{1}{2}\right]$

119 $\dfrac{112}{243}$

$\left[{}_5C_4\left(\dfrac{2}{3}\right)^4\left(\dfrac{1}{3}\right)+\left(\dfrac{2}{3}\right)^5\right]$

120 (1) $\dfrac{35}{128}$ (2) $\dfrac{15}{16}$

$\big[$(1) ${}_7C_4\left(\dfrac{1}{2}\right)^4\left(\dfrac{1}{2}\right)^3$

(2) 1回も表が出ない場合と1回だけ表が出る場合の余事象を考えて

$\left.1-\left\{\left(\dfrac{1}{2}\right)^7+{}_7C_1\left(\dfrac{1}{2}\right)\left(\dfrac{1}{2}\right)^6\right\}\right]$

121 $\dfrac{11}{64}$

$\left[{}_{10}C_7\left(\dfrac{1}{2}\right)^7\left(\dfrac{1}{2}\right)^3+{}_{10}C_8\left(\dfrac{1}{2}\right)^8\left(\dfrac{1}{2}\right)^2\right.$

$\left.+{}_{10}C_9\left(\dfrac{1}{2}\right)^9\left(\dfrac{1}{2}\right)+\left(\dfrac{1}{2}\right)^{10}\right]$

122 (1) $\dfrac{25}{216}$ (2) $\dfrac{25}{432}$ (3) $\dfrac{7}{432}$

[(1) ${}_4C_2\left(\dfrac{1}{6}\right)^2\left(\dfrac{5}{6}\right)^2$

(2) ${}_3C_1\left(\dfrac{1}{6}\right)\left(\dfrac{5}{6}\right)^2\times\dfrac{1}{6}$

(3) ${}_4C_3\left(\dfrac{1}{6}\right)^3\left(\dfrac{5}{6}\right)+\left(\dfrac{1}{6}\right)^4$]

123 $\dfrac{16}{729}$

[1 ～ 3 回目に白が 2 回と赤が 1 回出て，4 回目に赤が出る。更に，5 ～ 6 回目に白と赤が 1 回ずつ出て，7 回目に白が出ればよい。

${}_3C_2\left(\dfrac{1}{3}\right)^2\left(\dfrac{2}{3}\right)\times\dfrac{2}{3}\times{}_2C_1\left(\dfrac{1}{3}\right)\left(\dfrac{2}{3}\right)\times\dfrac{1}{3}$]

124 $\dfrac{5}{36}$

[赤玉が 1 回，白玉が 2 回，青玉が 2 回出る場合の数は $\dfrac{5!}{2!2!}$]

125 (1) $\dfrac{15}{64}$ (2) $\dfrac{5}{16}$

[(1) 表が出る回数を x とすると，

$2x-2(6-x)=4$ から $x=4$

よって ${}_6C_4\left(\dfrac{1}{2}\right)^4\left(\dfrac{1}{2}\right)^{6-4}$

(2) 表と裏が同数だけ出れば，もとの位置に戻るから ${}_6C_3\left(\dfrac{1}{2}\right)^3\left(\dfrac{1}{2}\right)^3$]

126 (1) $\dfrac{1}{2}$ (2) $\dfrac{4}{9}$

127 (1) $\dfrac{3}{95}$ (2) $\dfrac{16}{95}$

[(1) $\dfrac{4}{20}\times\dfrac{3}{19}$ (2) $\dfrac{4}{20}\times\dfrac{16}{19}$]

128 (1) $P_A(B)=0.5$，$P_B(A)=0.4$

(2) 0.5

129 (1) (ア) $\dfrac{2}{3}$ (イ) $\dfrac{1}{3}$ (ウ) $\dfrac{4}{9}$

(2) (ア) $\dfrac{1}{5}$ (イ) 同じ (ウ) $\dfrac{4}{5}$

[(1) (ア) $P_A(B)$ は 1 回目が白のとき 2 回目に赤が出る確率。

(2) (ア) $\dfrac{4}{20}\times\dfrac{3}{19}+\dfrac{16}{20}\times\dfrac{4}{19}$

(イ) $P(A)=\dfrac{1}{5}$，(ア) から $P(B)=\dfrac{1}{5}$

(ウ) A B C から $\dfrac{4}{20}\times\dfrac{3}{19}\times\dfrac{16}{18}$

○○× $+\dfrac{4}{20}\times\dfrac{16}{19}\times\dfrac{15}{18}$

○×× $+\dfrac{16}{20}\times\dfrac{4}{19}\times\dfrac{15}{18}$

×○× $+\dfrac{16}{20}\times\dfrac{15}{19}\times\dfrac{14}{18}$

×××

参考 $P(A)=P(B)=P(C)=\dfrac{1}{5}$ から

$P(\overline{C})=1-P(C)=\dfrac{4}{5}$]

130 $\dfrac{1}{5}$

[2 番目の玉が赤玉である事象を A，1 番目の玉が赤玉である事象を B とすると

$P_A(B)=\dfrac{n(A\cap B)}{n(A)}=\dfrac{2\times1}{2\times1+4\times2}$]

131 (1) $\dfrac{1}{5}$ (2) ④

132 (1) $\dfrac{13}{196}$ (2) $\dfrac{1}{53}$

[(1) $\dfrac{13}{49}\times\dfrac{12}{48}$

(2) $\dfrac{52}{53}\times\dfrac{51}{52}\times\cdots\cdots\times\dfrac{44}{45}\times\dfrac{1}{44}$]

133 (1) $\dfrac{3}{7}$ (2) $\dfrac{1}{5}$ (3) $\dfrac{7}{15}$

[(1) $\dfrac{{}_4C_2}{{}_7C_2}+\dfrac{{}_3C_2}{{}_7C_2}$

(2) $\dfrac{{}_4C_2}{{}_7C_2}\times\dfrac{3}{5}+\dfrac{{}_3C_2}{{}_7C_2}\times\dfrac{1}{5}$

(3) (2)÷(1)]

134 (1) $\dfrac{1}{50}$　(2) $\dfrac{19}{500}$　(3) $\dfrac{10}{19}$

[製品がA, B工場製である事象をそれぞれA, B, 不良品である事象をEとする。

$$P(A)=\frac{200}{500},\ P(B)=\frac{300}{500},$$

$$P_A(E)=\frac{5}{100},\ P_B(E)=\frac{3}{100}$$

(1) $P(A\cap E)=P(A)P_A(E)$

(2) $P(E)=P(A\cap E)+P(B\cap E)$

(3) $P_E(A)=\dfrac{P(A\cap E)}{P(E)}$]

135 5

136 $\dfrac{35}{18}$

137 $\dfrac{9}{7}$ 回

138 [2]

[[2] の期待値は400円, [3] の期待値は350円]

139 $\dfrac{3}{5}$ 個

140 $\dfrac{28}{27}$ 人

141 $\dfrac{93}{16}$ 試合

142 得であるといえる　[期待値は90円]

143 $p=\dfrac{1}{12}$, $q=\dfrac{1}{3}$

144 (1) $\dfrac{1}{10}$　(2) $\dfrac{3}{5}$

[(2) AB, BE, CD, CF を1辺とする三角形はそれぞれ3個, AE, DF を1辺とする三角形はそれぞれ3個]

145 (1) 9通り　(2) 6通り

[(1) 樹形図で調べる　(2) $_4C_2$]

146 (1) 5544通り　(2) 462通り

(3) 236通り

[(1) $\dfrac{12!}{6!5!}$

(2) 黄玉を固定する。$\dfrac{11!}{6!5!}$

(3) 円形に並べたとき左右対称なものは, 黄玉を固定したときの真正面を青玉にする必要がある。$\dfrac{5!}{2!3!}=10$　よって $10+\dfrac{462-10}{2}$]

147 (1) $\dfrac{3}{10}$　(2) $\dfrac{1323}{5000}$

[(1) $\dfrac{_3C_2\times_7C_2}{_{10}C_4}$　(2) $_4C_2\left(\dfrac{3}{10}\right)^2\left(\dfrac{7}{10}\right)^2$]

148 $\dfrac{64}{65}$

[本当に表が出るという事象をA, 3人とも「表が出た」と証言するという事象をBとすると, 求める確率は, 条件付き確率 $P_B(A)$]

149 (1) $\dfrac{101-k}{5k}$　(2) 16回

[(1) $P_k={}_{100}C_k\left(\dfrac{1}{6}\right)^k\left(\dfrac{5}{6}\right)^{100-k}$

$\dfrac{P_k}{P_{k-1}}$ を計算する。

(2) $\dfrac{P_k}{P_{k-1}}<1$ とすると, $k>\dfrac{101}{6}=16.8\cdots$

などから $P_0<P_1<P_2<\cdots<P_{15}<P_{16}>P_{17}>\cdots$]

150 (1) $\dfrac{630n}{(n+15)(n+14)(n+13)}$

(2) $n=7$ で最大値 $\dfrac{21}{44}$

[(1) $P_n=\dfrac{_{15}C_2\times_nC_1}{_{n+15}C_3}$

(2) $\dfrac{P_{k+1}}{P_k}-1=\dfrac{-2k+13}{k(k+16)}$ $(k\geqq1)$

よって, $1\leqq k\leqq6$ のとき $P_{k+1}>P_k$, $7\leqq k$ のとき $P_{k+1}<P_k$ となる。すなわち $P_1<P_2<\cdots\cdots<P_6<P_7>P_8>\cdots\cdots$]

151 正しくない

[事象Aと事象Bは, 独立試行の事象ではない。また, $P(A\cap B)=P(A)P_A(B)$ が成り立つが $P_A(B)\neq P(B)$ であるから, $P(A\cap B)=P(A)P(B)$ は成り立たない。結局直接求めると, 6の倍数は$6\cdot1$, $6\cdot2$, $\cdots$, $6\cdot16$ より $P(A\cap B)=\dfrac{16}{100}$]

152 3以下ならば2回目を投げ, 4以上ならば投げない

[1回目の期待値3.5より大きいか小さいかに分けて考える]

153

154 (1) $x=\dfrac{12}{5}$, $y=\dfrac{18}{5}$

(2) $x=4$　(3) $x=4$, $y=30$

[(3) AB:AC=BD:DC から x, AB:AC=BE:EC から y が求められる]

155 [二等分線上の点をD
とすると

$\angle DAC = \dfrac{180° - \angle A}{2}$

$\angle ACB = \dfrac{180° - \angle A}{2}$

よって $\angle DAC = \angle ACB$]

156 $EC = 2$, $CD = \dfrac{15}{2}$, $AF : FD = 2 : 3$

157 $AG : GH : HC = 1 : 1 : 1$
[$EB /\!/ DF$, $EB = DF$ から四角形 EBFD は平
行四辺形。$ED /\!/ BF$ から
$AG : GH = AE : EB = 1 : 1$,
$CH : HG = CF : FD = 1 : 1$
よって $AG = GH = HC$]

158 $QS = 2$
[$PR /\!/ AD$ から $PR : AD = BR : BD$
$RQ /\!/ BC$ から $BR : BD = CQ : CD$
$SQ /\!/ AD$ から $CQ : CD = SQ : AD$
よって $PR = SQ$]

159 [(1) 対角線の交点をOとすると
$\triangle OAB$ において $OA : OB = AE : EB$
$\triangle OBC$ において $OC : OB = CF : FB$
ここで，$OA = OC$ を利用する。
(2) (1)から $AC /\!/ EF$ 以下同様]

160 [(1) AB と EF の交点をP，EF と CD
の交点を P′ とする。
$PE : PF = AE : BF$,
$P'E : P'F = ED : FC$
また，$AE : ED = BF : FC$ から
$AE : BF = ED : FC$
よって，P と P′ は一致する。
(2) $PA : AB = PD : DC$ から
$PA : PD = AB : DC = 2 : 1$]

161 (1) $\alpha = 61°$, $\beta = 122°$
(2) $\alpha = 35°$, $\beta = 125°$
[(1) $OB = OA$, $OC = OA$
(2) $\angle A = 2 \times 35°$, $\angle B = 2 \times 20°$, $\angle C = 2\alpha$]

162 $\dfrac{5}{2}$
[$\angle A = 90°$ のとき，BC は外接円の直径からO
は BC の中点。$AO = BO = \dfrac{1}{2}BC$]

163 $BD : DC = 5 : 2$, $AI : ID = 2 : 1$
[AD は $\angle A$ の二等分線であるから
$BD : DC = 10 : 4 = 5 : 2$
$BC = 7$ から $BD = 5$
BI は $\angle B$ の二等分線であるから
$AI : ID = BA : BD$]

164 $\triangle ABD = \dfrac{1}{2}S$, $\triangle ABF = \dfrac{1}{3}S$

[$\triangle ABC : \triangle ABD = BC : BD = 2 : 1$
点Fは $\triangle ABC$ の重心であるから
$AF : FD = 2 : 1$ よって
$\triangle ABD : \triangle ABF = AD : AF = 3 : 2$]

165 [対角線の交点をOとおくと，$AO = OC$ か
ら，$\triangle ABC$ において BO は中線。
重心 G_1 はその上にある。
G_2 についても同様]

166 外心
[IP と BC の交点をD，IQ と CA の交点をE，
IR と AB の交点をFとすると，I は $\triangle ABC$
の内心であるから $ID = IE = IF$
よって $IP = IQ = IR$]

167 [$\triangle ABC$ の外心と内心が一致するとき，そ
の点をOとする。
Oは外心であるから $OB = OC$
よって $\angle OBC = \angle OCB$
Oは内心であるから

$\angle OBC = \dfrac{1}{2}\angle B$, $\angle OCB = \dfrac{1}{2}\angle C$

よって $\angle B = \angle C$
同様に $\angle C = \angle A$]

168 [AとCを結び，
交点を右の図のよう
に，G, H, I とする
と，G は $\triangle ABC$ の
重心，I は $\triangle ACD$
の重心。
よって $BG : GH = 2 : 1$, $DI : IH = 2 : 1$
また，$BH = DH$ から $BG = GI = ID$]

169 BC：CA：AB＝5：3：4

[BC＝a, CA＝b, AB＝c とする。

△BCD, △BCE において

BC：CD＝3：1, BC：BE＝2：1

よって　CD＝$\dfrac{a}{3}$, BE＝$\dfrac{a}{2}$

また, BC：BA＝CD：AD,

CB：CA＝BE：AE から

$a：c＝\dfrac{a}{3}：\left(b-\dfrac{a}{3}\right)$, $a：b＝\dfrac{a}{2}：\left(c-\dfrac{a}{2}\right)$

ゆえに　$b＝\dfrac{3}{5}a$, $c＝\dfrac{4}{5}a$]

170 (1) 90°

[(1) 辺 AB の延長上に点Pをとる。

∠ABI＝∠IBC, ∠CBI₁＝∠I₁BP,

∠ABP＝180°, ∠IBI₁＝∠IBC＋∠CBI₁

(2) △ABC の外接円と線分 II₁ の交点をDと

する。∠DBI＝∠DIB から DB＝DI,

∠DBI₁＝∠DI₁B から DB＝DI₁ を示す。

∠IBI₁＝90° であることも利用]

171 (1) $\dfrac{3}{7}$ (2) $\dfrac{3}{13}$ (3) $\dfrac{3}{4}$ (4) $\dfrac{4}{13}$

[(1) $\dfrac{\triangle ABE}{\triangle ABC}＝\dfrac{BE}{BC}＝\dfrac{3}{3+4}$

(2) $\dfrac{\triangle ABP}{\triangle ABC}＝\dfrac{\triangle ABE}{\triangle ABC}\cdot\dfrac{\triangle ABP}{\triangle ABE}＝\dfrac{BE}{BC}\cdot\dfrac{AP}{AE}$

$＝\dfrac{3}{3+4}\cdot\dfrac{7}{6+7}$

(3) $\dfrac{\triangle PAB}{\triangle PAC}＝\dfrac{EB}{EC}＝\dfrac{3}{4}$

(4) (3)から　△PAB＝$\dfrac{3}{4}$△PAC

同様に　△PBC＝$\dfrac{3}{2}$△PAC

△ABC＝△PAB＋△PBC＋△PAC]

172 (1) BP：PC＝4：15

(2) BP：PC＝3：2

[(1) $\dfrac{BP}{PC}\cdot\dfrac{5}{2}\cdot\dfrac{3}{2}＝1$

(2) $\dfrac{BP}{PC}\cdot\dfrac{4}{3}\cdot\dfrac{1}{2}＝1$]

173 (1) AR：RB＝4：9

(2) BP：PE＝2：1, CP：PD＝5：4

[(1) △ABC と直線 PQR にメネラウスの定理

を用いると　$\dfrac{5+4}{4}\cdot\dfrac{3}{3}\cdot\dfrac{AR}{RB}＝1$

(2) (前半) △BEA と直線 CPD にメネラウ

スの定理を用いると　$\dfrac{BP}{PE}\cdot\dfrac{2}{2+4}\cdot\dfrac{3}{2}＝1$

(後半) △CAD と直線 BPE にメネラウスの

定理を用いると　$\dfrac{2}{4}\cdot\dfrac{3+2}{2}\cdot\dfrac{DP}{PC}＝1$]

174 [チェバの定理により　$\dfrac{AR}{RB}\cdot\dfrac{BM}{MC}\cdot\dfrac{CQ}{QA}＝1$

BM＝MC であるから　$\dfrac{AR}{RB}＝\dfrac{QA}{CQ}$]

175 (1) 4：3 (2) 2：1

[(1) △ABP と直線 ROC にメネラウスの定理

を用いる。

(2) △ABC にチェバの定理を用いる]

176 [チェバの定理により　$\dfrac{AF}{FB}\cdot\dfrac{BD}{DC}\cdot\dfrac{CE}{EA}＝1$

メネラウスの定理により　$\dfrac{AF}{FB}\cdot\dfrac{BG}{GC}\cdot\dfrac{CE}{EA}＝1$

よって　$\dfrac{BD}{DC}＝\dfrac{BG}{GC}$]

177 (1) 5：4 (2) 2：5

178 (1) 3：2 (2) 4：3

179 (1) 存在する (2) 存在しない

(3) 存在する (4) 存在しない

180 (1) ∠C＜∠B＜∠A

(2) CA＜BC＜AB (3) ∠B＜∠C＜∠A

181 BD＜AB

[∠ADB＝∠C＋∠DAC＝∠C＋∠BAD

よって　∠ADB＞∠BAD

△ABD において　AB＞BD]

182 (1) (前半) ∠C＜∠A＜∠B

(後半) BC＜CA＜AB

[(2) AB＞AC から　∠C＞∠B

また　∠APB＝∠C＋∠PAC＞∠C

よって　∠APB＞∠B]

183 3＜BC＜13

[|8−5|＜BC

＜8＋5]

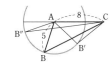

184 [△ABD において　AD＜AB＋BD

△ADC において　AD＜CA＋DC

辺々加えて　2AD＜AB＋CA＋(BD＋DC)]

185 [(1)　△AEP≡△ACP
(2)　△EBP において，BE+EP>BP から
BE>BP−EP
BE=AB−AE=AB−AC，EP=PC]

186　P が線分 CD を 3：2 に内分するとき最小
値 13
[直線 CD に関して点 B と対称な点を B′ とする
と，PB=PB′ であるから
AP+PB=AP+PB′
よって，AP+PB が最小になるのは，点 P が線
分 CD と線分 AB′ の交点にあるときである]

187　(1)　$\theta=50°$　(2)　$\theta=70°$　(3)　$\theta=59°$
[(1)　∠ADB=∠ACB=30°，
∠BAC=∠BDC=60°
よって　$\theta+30°+40°+60°=180°$
(2)　∠DCE=∠DAB=60°
よって　$\theta+60°+50°=180°$
(3)　∠PBQ=θ+34°，∠BCQ=θ
よって　$\theta+34°+\theta+28°=180°$]

188　(ア)，(ウ)

189　[四角形 ABCD が円に内接するから
∠B+∠D=180°
AD∥EF から　∠D=∠EFC
よって　∠B+∠EFC=180°]

190　(1)　$\theta=30°$　(2)　$\theta=50°$

191　[(1)　△BDC≡△AEB
(2)　(1)から，4 点 A，D，F，E は 1 つの円周
上にある。$\overset{\frown}{EF}$ に対する円周角について
∠FDE=∠FAE]

192　[(1)　∠AED+∠AFD=90°+90°=180°
(2)　(1)から　∠AFE=∠ADE
また，△AED∽△ADB から
∠ADE=∠DBE
よって　∠AFE=∠DBE]

193　[∠AEO=∠AFO=90° から四角形
AFOE は円に内接する。
他も同様]

194　[∠DCE=∠DCA（ただし，E は BC の延
長線上の点とする）
四角形 ABCD は円に内接するから
∠DCE=∠DAB，∠DCA=∠DBA
よって　∠DAB=∠DBA]

195　(1)　$x=8$　(2)　$x=10$　(3)　$x=7$

196　(1)　$\theta=80°$　(2)　$\theta=100°$　(3)　$\theta=80°$
[(2)　∠DAC=∠CAB=40°
(3)　∠PAB=∠PBA=∠ACB=50°]

197　(1)　AB=r+9，AC=r+6　(2)　3
[(2)　$(r+9)^2+(r+6)^2=(9+6)^2$]

198　[$\overset{\frown}{DF}$ に対する円周角で　∠DEF=∠DAF
BD は接線であるから　∠EDB=∠DAE
∠DAE=∠DAF から
∠DEF=∠EDB（錯角）]

199　[∠ABE=90° から　BE は円 O の接線。
ED も接線であるから　ED=EB
よって　∠EBD=∠EDB　……　①
また　∠EBD+∠C=∠ADB=90°　……　②
∠BDC=90° から
∠BDE+∠EDC=90°　……　③
① ～ ③ から　∠C=∠EDC]

200　[AD，AE は ∠A およびその外角の二等
分線であるから　∠DAE=90°
よって　∠OAD=∠ODA
ゆえに　∠OAC=∠OAD−∠CAD
=∠ODA−∠BAD=∠B
したがって，OA は円 ABC に接する]

201　(1)　$x=\dfrac{12}{5}$　(2)　$x=3\sqrt{2}$　(3)　$x=6$

202　4
[P を通る直径を CD とすると，方べきの定理
により　PC・PD=PA・PB=9
よって　(OC−OP)(OD+OP)=9
OC=OD により　$OC^2-OP^2=9$]

203　(1)　$2\sqrt{2}$　(2)　$\sqrt{2}$：1
(3)　AD=$\dfrac{2\sqrt{6}}{3}$，CD=$\dfrac{2\sqrt{3}}{3}$
[(2)　△ABD∽△DBC から
AD：DC=AB：DB
(3)　(2)から，AD=$\sqrt{2}\,k$，CD=k $(k>0)$ と表
される。
$AD^2+CD^2=AC^2$ から　$(\sqrt{2}\,k)^2+k^2=2^2$]

204 (1) $x=6$, $y=3$　(2) $x=6$, $y=4$
[(1) $2:y=4:6$, $2:4=4:(2+x)$
(2) $x^2=y(y+5)=6^2$]

205 [方べきの定理により
$PC \cdot PD = PA \cdot PB$, $PA \cdot PB = PE \cdot PF$
よって　$PC \cdot PD = PE \cdot PF$
方べきの定理の逆により，4点 C, D, E, F は
1つの円周上の点である]

206 [2直線 AB, CD の交点をPとする。
$PA \cdot PB = PC^2$, $PA \cdot PB = PD^2$
ゆえに　$PC^2 = PD^2$
よって　$PC = PD$]

207 [[1] 点Dが $\overparen{BC}$ 上にあるとき
$\angle ABC = \angle BCA = \angle BDE$ から，AB は 3 点
B, D, E を通る円の接線である。
よって　$AD \cdot AE = AB^2$
[2] 点Dが $\overparen{CA}$ 上にあるとき
$\angle ABD = \angle ABC - \angle DBC$,
$\angle BED = \angle BDA - \angle DBC$ において
$\angle ABC = \angle BCA = \angle BDA$ であるから
$\angle ABD = \angle BED$
よって，AB は 3 点 B, D, E を通る円の接線
である。
したがって　$AD \cdot AE = AB^2$
[3] 点Dが $\overparen{AB}$ 上にあるときも同様]

208 (1) 内接する，1本
(2) 2点で交わる，2本
(3) 外接する，3本
(4) 互いに外部にある，4本
(5) 一方が他方の内部にある，0本

209 $r=8$, $r'=3$
[$r+r'=11$, $r-r'=5$]

210 (1) $AB=24$　(2) $AB=4\sqrt{21}$
[(1) O′ から OA に引いた垂線と OA の交点
をHとすると，直角三角形 OO′H で
$25^2 = OH^2 + O'H^2 = (12-5)^2 + AB^2$
(2) O′ から OA に引いた垂線と OA との交点
をKとすると，直角三角形 OO′K で
$25^2 = OK^2 + O'K^2 = (12+5)^2 + AB^2$]

211 [(1) $PA=PC$, $PB=PD$　辺々引く。
(2) OP は $\angle APC$ の二等分線である。
また，O′P は $\angle BPD$ の二等分線である。
よって，OP, O′P は重なる]

212 $r=4$
[O から線分 O′B に垂線 OH を引くと
$O'H=6-r$, $OH=AB=2\sqrt{15}$
直角三角形 OO′H において，
三平方の定理により
$(6-r)^2 + (2\sqrt{15})^2 = 8^2$, $0 < r < 6$]

213 $r = \dfrac{16}{9}$
[ℓ と m の交点をPとすると，問題 199 より P,
O, O_1, O_2 は1つの直線上にある。
次の図から，$\triangle OO_1H_1 \circ \triangle O_1O_2H_2$ により
$(4+r):(4-r)=(9+4):(9-4)$]

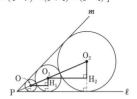

214 (2) $5:8$
(3) $8\sqrt{3}$
[(1) 点Pにおける 2
円の共通接線 EF を引
くと，
$\angle EPA = \angle ACP$,
$\angle EPB = \angle BDP$
よって　$\angle ACP = \angle BDP$ (同位角が等しい)
(2) $\triangle OAC$ と $\triangle O'BD$ について
$\angle AOC = \angle BO'D$ $(=2\angle APC)$
よって　$\triangle OAC \circ \triangle O'BD$
したがって　$AC:BD = OA:O'B$
(3) $\angle APC = 60°$ のとき　$\angle BO'D = 120°$
O′ から BD に垂線 O′H を下ろすと
$BH = 4\sqrt{3}$]

215 [点Aを通る共通接線 TA を引く。
TA と BD の交点をMとすると，
$MA=MB$ から　$\angle MAB = \angle MBA$
また　$\angle MAC = \angle ADC$
よって　$\angle BAC = \angle MAB + \angle MAC$
$= \angle MBA + \angle ADC$
$= \angle BAE$ (DA の延長上の点をEとする)
ゆえに，AB は $\angle CAD$ の外角を2等分する]

216 (1)〜(3) 〔図〕
〔(1) ひし形の対辺が平行であることを利用。①の弧の中心は ℓ 上の任意の点でよい〕
(1)

(2)　　　　　　　(3)

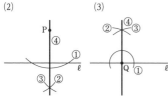

217 (1)〜(3) 〔図〕
〔(3) 参考 一般の角では角の 3 等分はできない〕
(1)

(2)　　　　　　　(3)

218 (1)〜(4) 〔図〕
〔(4) この問題のみ B から斜めの線を引いているが, 他の問題と同様に A から引いても求めることができる〕

(2)　　　　　　　(2) 別解

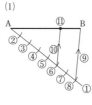

(3)　　　　　　　(4)

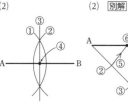
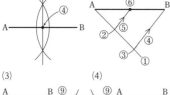
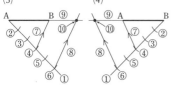

219 (1)〜(8) 〔図〕
〔相似, 方べきの定理, 三平方の定理などを利用すると, いろいろな求め方がある。
(3), (4) 相似を利用。
(5)〜(8) 方べきの定理を利用。
別解 (7), (8) 三平方の定理を利用〕
(1)　　　　　　　(2)
(3)　　　　　　　(4)
(5)　　　　　　　(6)
(7)　　　　　　　(7) 別解
(8)　　　　　　　(8) 別解

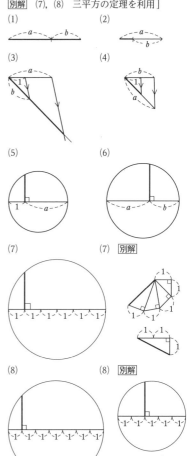

220 〔図〕
〔求める円の中心は,
[1] 点 A を通り, ℓ に垂直な直線上にある。
[2] 線分 AB を弦として, その垂直二等分線上にある〕

221　〔図〕

〔求める円の中心は,

[1]　点Rを通り, OQ に垂直な直線上にある。

[2]　∠POQ の二等分線上にある〕

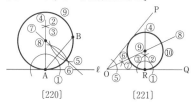

　　〔220〕　　　　　〔221〕

222　(1)〜(3)　〔図〕　(1)

〔(2)　いろいろなか
き方があるので, 各
自試みるとよい〕

(2)　　　　　　　(3)

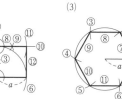

223　(1)〜(4)　〔図〕

〔(1)　2辺の垂直二等分線の交点。

(2)　2つの内角の二等分線の交点。

(3)　2本の中線の交点。

(4)　2つの頂点からそれぞれの対辺へ下ろした
垂線の交点〕

(1)　　　　　　　(2)

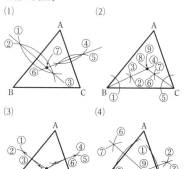

(3)　　　　　　　(4)

224　〔図〕

〔Oから ℓ に垂線
を引く。円との交
点を通り, ④ に垂
直な直線（または
ℓ に平行な直線）
が求めるもの〕

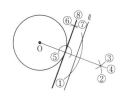

225　(1)〜(3)　〔図〕　(1)

(2)　　　　　　　(3)

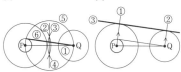

226　〔図〕

〔①　直径が a の円
をかく。

②　この円に接する
直線を引き, 長さを
b にする。

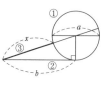

③　長さ b の線分の接点ではない方の端点から
円の中心を直線で結ぶ〕

227　(1)　辺 CD, 辺 EF, 辺 HG

(2)　辺 CG, 辺 DH, 辺 FG, 辺 EH

(3)　辺 AD, 辺 BC, 辺 AE, 辺 BF

228　(1)　$\theta=90°$　(2)　$\theta=60°$　(3)　$\theta=90°$

229　(1)　(垂直)　面 ABCD, 面 EFGH

(平行)　面 ADHE, 面 CDHG

(2)　(平行)　辺 CG, 辺 AE

(垂直)　線分 AC, 線分 EG

〔(3)　(FH⊥AE)　AE∥BF, BF⊥FH

(FH⊥AC)　AC∥EG, EG⊥FH

(EC⊥FH)　FH⊥AE, FH⊥AC から

FH⊥平面 AEGC, EC は平面 AEGC に含ま
れる直線〕

230　(1)　90°　(2)　45°　(3)　90°

231　(1)　直線 BC, FG, CG, CD, GH

(2)　平面 DCGH, EFGH

(3)　平面 AEHD, BFGC, DCGH

232　(1)　$\theta=60°$　(2)　$\theta=90°$　(3)　$\theta=90°$

(4)　$\theta=60°$

233 (2) $AK=\sqrt{\dfrac{a^2b^2+b^2c^2+c^2a^2}{a^2+b^2}}$

[(1) $AE\perp$平面 EFGH，$AK\perp FH$ であるから，
三垂線の定理により $EK\perp FH$

(2) $\triangle EFH=\dfrac{1}{2}\cdot FH\cdot EK=\dfrac{1}{2}\cdot EF\cdot EH$]

234 面の数，辺の数，頂点の数の順に
(1) 4，6，4 (2) 5，9，6 (3) 6，12，8
(4) 6，10，6
[(1) $4-6+4=2$ (2) $6-9+5=2$
(3) $8-12+6=2$ (4) $6-10+6=2$]

235 (1) 正三角形
(2) 面の数 5，辺の数 9，頂点の数 6
[(3) $6-9+5=2$]

236 面の数 24，辺の数 36，頂点の数 14

237 (1) $\dfrac{500}{3}$ (2) $72\sqrt{2}$

[(1) 正八面体を上側半分と下側半分に分けて
考える。上側半分の底面の四角形は正方形。ま
ず，この1辺の長さを求める]

238 (1) $\dfrac{125\sqrt{2}}{3}$ (2) $\dfrac{5\sqrt{6}}{6}$

[(2) 正八面体は合同な8つの四面体に分割で
きる]

239 [$\angle BOC=2\angle A=120°$

$\angle BIC=180°-\dfrac{1}{2}(\angle B+\angle C)=120°$

$\angle BHC=180°-\angle A=120°$]

240 [$\dfrac{BP}{PC}\cdot\dfrac{CQ}{QA}\cdot\dfrac{AR}{RB}$

$=\dfrac{BP}{RB}\cdot\dfrac{CQ}{PC}\cdot\dfrac{AR}{QA}=1$]

241 [$\triangle BCG$ と直線 DQF について

$\dfrac{BF}{FC}\cdot\dfrac{CD}{DG}\cdot\dfrac{GQ}{QB}=1$

また $CD=BA$，$BF=EP$，$FC=PG$，
$DG=AE$

よって，$\triangle EBG$ と点 A，P，Q について

$\dfrac{BA}{AE}\cdot\dfrac{EP}{PG}\cdot\dfrac{GQ}{QB}=\cdots\cdots=1$]

242 $\dfrac{5(4+\sqrt{5})}{11}$

[C から AB に垂線 CH を下ろし，円Cの半径
を r とする。$CA=r+2$，$AH=2$，
$CH=CO+OH=(5-r)+\sqrt{5}$，
$CA^2=AH^2+CH^2$]

243 [円 O_1，O_2；O_1，O_3 の共通弦 AB，CD の
交点をPとする。
円 O_2，O_3 の交点の1つをEとし，EP と円 O_2，
O_3 の交点をそれぞれ F，F' とすると
$PE\cdot PF=PA\cdot PB=PC\cdot PD=PE\cdot PF'$]

244 [点Aにおけ
る2円の共通接線
を引き，BC の延
長との交点をEと
すると
$\angle EAC=\angle ABC$
また，$\triangle EAD$ は
$EA=ED$ の二等辺三角形であるから
$\angle EAD=\angle EDA$
よって $\angle DAB=\angle CAD$]

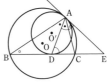

245 (1) ±1，±2，±4，±8
(2) 8，16，24，32

246 [(1) $a=5k$，$b=5l$（k，l は整数）ならば
$2a+3b=2\cdot5k+3\cdot5l=5(2k+3l)$
(2) $a=7k$，$a+b=7l$（k，l は整数）ならば
$b=7l-a=7l-7k=7(l-k)$
(3) $a=3k$，$b=3l$（k，l は整数）ならば
$a^2+5ab=(3k)^2+5\cdot3k\cdot3l=9(k^2+5kl)$]

247 [自然数 N は，その下3桁が表す数を a と
すると，$N=1000k+a$（k は負でない整数）と
表される。
$1000k=125\cdot8k$ より $1000k$ は 125 の倍数である
から，N が 125 の倍数であるのは，下3桁の a
が 125 の倍数のとき]

248 (1) 5 (2) 0，9 (3) 3 (4) 1

249 (1) 4 (2) 5 (3) 0
[(1) 2の倍数かつ3の倍数
(2) 5の倍数かつ3の倍数
(3) 10の倍数の下1桁は0]

250 (1) $2^3 \cdot 3^2$　(2) $2^2 \cdot 3^3 \cdot 5$　(3) $2^3 \cdot 3^2 \cdot 7 \cdot 11$

251 (1) 1, 2, 3, 4, 6, 8, 12, 24
(2) 1, 2, 3, 4, 6, 9, 12, 18, 27, 36, 54, 108
(3) 1, 2, 3, 6, 29, 58, 87, 174
[(1) $24 = 2^3 \cdot 3$　(2) $108 = 2^2 \cdot 3^3$
(3) $174 = 2 \cdot 3 \cdot 29$]

252 (1) 20 個　(2) 12 個　(3) 30 個
[(1) $(3+1)(4+1)$
(2) $500 = 2^2 \cdot 5^3$ から　$(2+1)(3+1)$
(3) $720 = 2^4 \cdot 3^2 \cdot 5$ から　$(4+1)(2+1)(1+1)$]

253 (1) 0 または 9
(2) 1008 のとき　$1008 = 2^4 \cdot 3^2 \cdot 7$,
1098 のとき　$1098 = 2 \cdot 3^2 \cdot 61$
(3) 1008 のとき　30 個,
1098 のとき　12 個

254 (1) 71$\boxed{9}$4　(2) 38$\boxed{9}$6　(3) 21$\boxed{8}$4
(4) 3$\boxed{9}$4$\boxed{8}$　(5) $\boxed{9}$51$\boxed{3}$　(6) 3$\boxed{9}$5$\boxed{4}$
[(1) $7+1+4=12$ で 3 の倍数。
よって，□ の中は 0, 3, 6, 9 のいずれか。
(2) 下 2 桁が 4 の倍数。候補として 16, 36, 56, 76, 96
(3) 21□4 は 2 の倍数。
よって，21□4 が 3 の倍数であればよい。
$2+1+4=7$ から　□ は 2, 5, 8
(4) $3a4b$ とすると
$a+b=2, 5, 8, 11, 14, 17$
よって　$a=9, b=8$
(5) $a51b$ とすると　$a+b=3, 12$
よって　$a=9, b=3$
(6) $3a5b$ とすると，b は 0, 2, 4, 6, 8 かつ
$a+b=1, 4, 7, 10, 13, 16$
$a=9$ とすると　$b=1, 4, 7$
よって　$b=4$]

255 (1) $n=3$　(2) $n=15$　(3) $n=14$
(4) $n=14$　(5) $n=42$
[(1) $108 = 2^2 \cdot 3^3$　(2) $60 = 2^2 \cdot 3 \cdot 5$
(3) $504 = 2^3 \cdot 3^2 \cdot 7$　(4) $126 = 2 \cdot 3^2 \cdot 7$
(5) $42 = 2 \cdot 3 \cdot 7$]

256 $n = 15, 60, 135, 240, 540, 2160$
[$2160 = 2^4 \cdot 3^3 \cdot 5$]

257 (1) $n=324, 144$　(2) 7 個
[(1) $15 = 3 \cdot 5$ から，n を素因数分解すると
p^{14}, $p^2 q^4$ (p, q は異なる素数) のいずれかの形
で表される。
$12 = 2^2 \cdot 3$ から，n は $p^2 q^4$ の形。
(2) n を素因数分解すると，p^8, $p^2 q^2$ (p, q は
異なる素数) のどちらかの形に表される]

258 最大公約数，最小公倍数の順に
(1) 6, 180　(2) 18, 252　(3) 35, 2100
(4) 6, 2520　(5) 2, 1260　(6) 36, 5400
[(1) 最大公約数 $2 \cdot 3$, 最小公倍数 $2^2 \cdot 3^2 \cdot 5$
(2) $18 = 2 \cdot 3^2$, $252 = 2^2 \cdot 3^2 \cdot 7$
(3) $140 = 2^2 \cdot 5 \cdot 7$, $525 = 3 \cdot 5^2 \cdot 7$
(4) $42 = 2 \cdot 3 \cdot 7$, $72 = 2^3 \cdot 3^2$, $120 = 2^3 \cdot 3 \cdot 5$
(5) $30 = 2 \cdot 3 \cdot 5$, $126 = 2 \cdot 3^2 \cdot 7$, $140 = 2^2 \cdot 5 \cdot 7$
(6) $216 = 2^3 \cdot 3^3$, $360 = 2^3 \cdot 3^2 \cdot 5$,
$900 = 2^2 \cdot 3^2 \cdot 5^2$]

259 (1) 互いに素である
(2) 互いに素でない　(3) 互いに素である
(4) 互いに素でない

260 (1) 2520 cm, 420 枚　(2) 6 cm, 420 枚
[(1) 90 と 168 の最小公倍数
(2) 90 と 168 の最大公約数]

261 最大公約数，最小公倍数の順に
(1) 13, 455　(2) 15, 1800
[(1) $65 = 5 \cdot 13$, $91 = 7 \cdot 13$
(2) $120 = 2^3 \cdot 3 \cdot 5$, $180 = 2^2 \cdot 3^2 \cdot 5$, $225 = 3^2 \cdot 5^2$]

262 $n = 100, 300, 900$
[$90 = 2 \cdot 3^2 \cdot 5$, $900 = 2^2 \cdot 3^2 \cdot 5^2$ から
$n = 2^2 \cdot 3^a \cdot 5^2$ ($a=0, 1, 2$)]

263 [$a+2=3k$, $a+1=7l$ (k, l は自然数)
から　$a+8 = a+2+6 = 3k+6 = 3(k+2)$
また　$a+8 = a+1+7 = 7l+7 = 7(l+1)$
よって　$3(k+2) = 7(l+1)$
3 と 7 は互いに素であるから
$k+2 = 7m$ (m は自然数)
ゆえに　$a+8 = 3(k+2) = 3 \cdot 7m$]

264 78 人
[子どもに配ったみかんとりんごの個数は，それぞれ 390 個，234 個である。
よって，子どもの人数は，390 と 234 の公約数のうち，45 より大きい数である]

265 (1) $(a, b)=(7, 42), (14, 21)$
(2) $(a, b)=(5, 60), (15, 20)$
[(1) $a=7a', b=7b'$ (a', b' は互いに素,
$a'<b'$) と表される。
$7a'b'=42$ から $a'b'=6$
$a'<b'$ かつ a' と b' は互いに素であることから
$(a', b')=(1, 6), (2, 3)$
(2) $a=5a', b=5b'$ と表される。
$5a'b'=60$ から $a'b'=12$
$a'<b'$ かつ a' と b' は互いに素であることから
$(a', b')=(1, 12), (3, 4)$]

266 (1) $(a, b)=(3, 84), (12, 21)$
(2) $(a, b)=(7, 63), (21, 49)$
(3) $(a, b)=(5, 60), (15, 20)$
(4) $(a, b)=(35, 55)$
[(1) $a=3a', b=3b'$ ($a'<b'$, a' と b' は互い
に素) と表される。
$3a'\cdot3b'=252$ から $a'b'=28$
よって $(a', b')=(1, 28), (4, 7)$
(3) $300=g\cdot60$ から $g=5$
$5a'b'=60$ から $a'b'=12$
(4) $ga'b'=5\cdot7\cdot11$, $g(a'+b')=2\cdot3^2\cdot5$ から
$g=5$]

267 [$a+2b$ と b の最大公約数を g とすると
$a+2b=gm$, $b=gn$ と表される。ただし,
m, n は互いに素である自然数である。
よって $a=g(m-2n)$
ゆえに, g は a の約数かつ b の約数, すなわち
a と b の公約数となるが, a と b は互いに素で
あるから $g=1$]

268 $n=66$
[$n\times42=6\times462$
别解 $462=6\cdot7\cdot11$, $42=6\cdot7$,
最大公約数が 6 から $n=6\cdot11$]

269 $n=200, 1400$
[$n=2^3\cdot5^2\cdot7^0$ または $n=2^3\cdot5^2\cdot7^1$]

270 $(a, b, c)=(48, 180, 324)$
[条件 (B) より
$(b, c)=(36, 1620), (180, 324)$
このそれぞれの場合について, 条件 (A), (C),
$a<b$ を満たす a を求める]

271 $q=9, r=5$
[$68=7\cdot9+5, 0\le5<7$]

272 (1) 1 (2) 5 (3) 7 (4) 4
[$a=9k+4, b=9l+6$ (k, l は整数)
(1) $a+b=9(k+l+1)+1$
(3) $a^2+b^2=9(9k^2+8k+9l^2+12l+5)+7$]

273 順に 0, 1
[$a=5k+2, b=5l+3$ (k, l は整数) とすると
$a+b=5(k+l+1)$,
$ab=5(5kl+3k+2l+1)+1$]

274 [k を整数とする。
(1) $(2k)^2=4k^2$
(2) $(2k+1)^2-(2k-1)^2=8k$
(3) $(2k)^2+(2k+2)^2+4=8(k^2+k+1)$
(4) $k^2+(k+1)^2-1=2k(k+1)$]

275 [n が 3 の倍数でないから
$n=3k+1, n=3k+2$ (k は整数)
のいずれかの形に表される。
$n=3k+1$ のとき $n^2-1=3(3k^2+2k)$,
$n=3k+2$ のとき $n^2-1=3(3k^2+4k+1)$
别解 $n^2-1=(n-1)(n+1)$
$n-1, n, n+1$ は連続する 3 つの整数で, n は
3 の倍数でないから, $n-1, n+1$ のいずれか
一方は 3 の倍数]

276 [すべての整数 n は $n=4k, n=4k+1$,
$n=4k+2, n=4k+3$ (k は整数) のいずれかの
形に表される。
$n=4k$ のとき $n^2=4(4k^2)$,
$n=4k+1$ のとき $n^2=4(4k^2+2k)+1$,
$n=4k+2$ のとき $n^2=4(4k^2+4k+1)$,
$n=4k+3$ のとき $n^2=4(4k^2+6k+2)+1$]

277 [(1) $n^2+9n+18=(n+3)(n+6)$
n が奇数のとき $n+3$ は偶数,
n が偶数のとき $n+6$ は偶数
(2) すべての整数 n は $n=5k$, $n=5k+1$,
$n=5k+2$, $n=5k+3$, $n=5k+4$ (k は整数) の
いずれかの形に表される。
$n=5k$ のとき
$n^2+4n+1=5(5k^2+4k)+1$,
$n=5k+1$ のとき
$n^2+4n+1=5(5k^2+6k+1)+1$,
$n=5k+2$ のとき
$n^2+4n+1=5(5k^2+8k+2)+3$,
$n=5k+3$ のとき
$n^2+4n+1=5(5k^2+10k+4)+2$,
$n=5k+4$ のとき
$n^2+4n+1=5(5k^2+12k+6)+3$]

278 [(1) $n^3+5n=(n^3-n)+6n$
$=(n-1)n(n+1)+6n$
(2) $2n^3+4n=2(n^3-n)+6n$
$=2(n-1)n(n+1)+6n$]

279 (1) 53 個　(2) 36 個　(3) 144 個
[(1) $15=3\cdot5$ から 3 の倍数でなく, かつ 5 の倍
数でない自然数の個数を求める。
$100-\{(3$ の倍数の個数$)+(5$ の倍数の個数$)$
$-(15$ の倍数の個数$)\}$
(2) $108=2^2\cdot3^3$ であるから
$108-\{(2$ の倍数の個数$)+(3$ の倍数の個数$)$
$-(6$ の倍数の個数$)\}$
参考 上の式を 1 つの式で表すと
$108\left(1-\dfrac{1}{2}-\dfrac{1}{3}+\dfrac{1}{6}\right)=108\left(1-\dfrac{1}{2}\right)\left(1-\dfrac{1}{3}\right)=36$
一般に $N=p^aq^br^c\cdots\cdots$ のとき, N までの自然
数のうち, N と互いに素となる自然数の個数は,
$N\left(1-\dfrac{1}{p}\right)\left(1-\dfrac{1}{q}\right)\left(1-\dfrac{1}{r}\right)\cdots\cdots$
と表される。
(3) $540=2^2\cdot3^3\cdot5$ から
$540-\{(2$ の倍数の個数$)+(3$ の倍数の個数$)$
$+(5$ の倍数の個数$)-(6$ の倍数の個数$)$
$-(15$ の倍数の個数$)-(10$ の倍数の個数$)$
$+(30$ の倍数の個数$)\}$
参考 $540\left(1-\dfrac{1}{2}\right)\left(1-\dfrac{1}{3}\right)\left(1-\dfrac{1}{5}\right)=144$]

280 (1) 72 個　(2) 82 個
[(1) 3, 3^2, 3^3, 3^4 の倍数の個数は, 150 を 3,
3^2, 3^3, 3^4 でそれぞれ割った商で表されるから
$50+16+5+1=72$]

281 (1) 31 個　(2) 124 個
[(1) 5, 5^2, 5^3 の倍数の個数は, 125 を 5, 5^2,
5^3 でそれぞれ割った商で表されるから
$25+5+1=31$
素因数 2 の個数は素因数 5 の個数より多い]

282 (1) 3　(2) 7　(3) 11
[(1) $72=15\cdot4+12$
$15=12\cdot1+3$
$12=3\cdot4$]

283 (1) $x=1$, $y=-1$
(2) $x=-2$, $y=7$
(3) $x=-9$, $y=13$
[(2) $24=7\cdot3+3$
$7=3\cdot2+1$
から $1=7-3\cdot2$
$=7-(24-7\cdot3)\cdot2$
$=24\cdot(-2)+7\cdot7$]

284 (1) $x=12$, $y=-4$
(2) $x=21$, $y=14$
(3) $x=-3$, $y=3$
[(2) 互除法から $9\cdot3-13\cdot2=1$
よって, $9x-13y=1$ の解の 1 つは
$x=3$, $y=2$　7 倍して $x=21$, $y=14$
(3) まず, 両辺を 2 で割る]

285 (1) $x=-16$, $y=9$
(2) $x=-4$, $y=-3$
($x=-90$, $y=-65$ でもよい)
(3) $x=12$, $y=-9$
[(1) 互除法から。
(2) $43=31\cdot1+12$, $31=12\cdot2+7$,
$12=7\cdot1+5$ から
$5=12-7\cdot1=\cdots\cdots=31\cdot(-4)+43\cdot3$
(3) まず, 両辺を 2 で割る]

286 (1) 正方形の 1 辺の長さは 864, 短辺の長
さは 493
(2) 1　(3) 7 種類　(4) 34 個
[(2) 互除法を利用する]

287 (1) $n=9,\ 27$

(2) $n=2,\ 12,\ 17,\ 22,\ 27,\ 32,\ 37,\ 47$

(3) $n=6,\ 13,\ 27,\ 34,\ 48,\ 55$

(4) $n=6$

[(1) n は 9 の倍数であり，かつ 2 の倍数ではない。

(2) $11n+28$ と $4n+7$ の最大公約数は $n-7$ と 35 の最大公約数に等しい。

(3) $n^2+23n+1=(n+22)(n+1)-21$ から，$n+22$ と -21 の最大公約数が 7

(4) $n^2+5n+12=(n+3)(n+2)+6$ から，$n+3$ と 6 の最大公約数が 3]

288 [(1) $5m+4=(5m+3)\cdot1+1$，
$5m+3=(5m+3)\cdot1+0$ から，$5m+4$ と $5m+3$ の最大公約数は 1

(2) $n^2+2n+1=(n+2)n+1$，
$n+2=(n+2)\cdot1+0$ から，n^2+2n+1 と $n+2$ の最大公約数は 1]

289 $1,\ 3,\ 9$

[$n^2+3n+5=(n+4)(n-1)+9$ から，$n+4$ と 9 の最大公約数を考える]

290 k は整数とする。

(1) $x=7k,\ y=5k$

(2) $x=21k,\ y=-10k$

291 k は整数とする。

(1) $x=8k-1,\ y=-7k+1$

(2) $x=5k+3,\ y=2k+1$

(3) $x=13k+1,\ y=-15k-1$

(4) $x=5k+3,\ y=3k+1$

292 k は整数とする。

(1) $x=6k-1,\ y=-5k+1$

(2) $x=7k+3,\ y=3k+1$

293 (1) $x=4,\ y=-7$

(2) $x=8,\ y=-14$

(3) $x=17k+8,\ y=-30k-14$（k は整数）

294 k は整数とする。

(1) $x=19k+4,\ y=-24k-5$

(2) $x=35k+16,\ y=46k+21$

(3) $x=18k-25,\ y=-43k+60$

(4) $x=73k+4,\ y=56k+3$

[(4) $56x-73y=1$ の解の 1 つを求めて 5 倍してもよいが，互除法で
$$73=56\cdot1+17$$
$$56=17\cdot3+5$$
から $5=56-17\cdot3$
$$=56-(73-56)\cdot3$$
$$=56\cdot4-73\cdot3$$
よって，解の 1 つは $x=4,\ y=3$]

295 (1) 16

(2) 3 桁で最大のもの 997，
　　3 桁で最小のもの 115

[(2) $3x+1=7y+3$ から $3(x+4)=7(y+2)$
$x=7k-4$ から $3x+1=3(7k-4)+1$]

296 (1) $(x,\ y)=(3,\ 1)$

(2) $(x,\ y)=(3,\ 10),\ (6,\ 5)$

[(1) $4x=19-7y>0$ から $y=1,\ 2$

(2) $3y=5(9-x)>0$ から $0<x<9$，
$9-x$ は 3 の倍数]

297 (1) $(x,\ y,\ z)=(1,\ 1,\ 5),\ (1,\ 2,\ 3)$,
　　$(1,\ 3,\ 1),\ (2,\ 1,\ 1)$

(2) $(x,\ y,\ z)=(3,\ 2,\ 1),\ (1,\ 1,\ 3)$

298 商品 A と商品 B の個数は，それぞれ 2 個，7 個または 10 個，2 個

299 (1) $(x,\ y,\ z)=(1,\ 2,\ 4)$

(2) $(x,\ y,\ z)=(2,\ 2,\ 18),\ (2,\ 3,\ 6)$

[(1) $1\leqq x\leqq y\leqq z$ であるから $\dfrac{1}{z}\leqq\dfrac{1}{y}\leqq\dfrac{1}{x}$
よって
$$\dfrac{4}{3}\leqq\dfrac{1}{x}+\dfrac{1}{2y}+\dfrac{1}{3z}\leqq\dfrac{1}{x}+\dfrac{1}{2x}+\dfrac{1}{3x}=\dfrac{11}{6x}$$
ゆえに，$1\leqq x\leqq\dfrac{11}{8}$ から $x=1$

(2) $2\leqq x\leqq y\leqq z$ であるから $\dfrac{1}{z}\leqq\dfrac{1}{y}\leqq\dfrac{1}{x}$

よって $\dfrac{5}{3}=\dfrac{1}{x}+\dfrac{2}{y}+\dfrac{3}{z}\leqq\dfrac{1}{x}+\dfrac{2}{x}+\dfrac{3}{x}=\dfrac{6}{x}$

ゆえに $x\leqq\dfrac{18}{5}=3.6$]

300 (2) $(a, b, c)=(1, 2, 3)$

[(1) $1 \leqq a \leqq b \leqq c$ であるから

$abc = a+b+c \leqq 3c$　　よって　$abc \leqq 3c$

両辺を $c (>0)$ で割ると　$ab \leqq 3$

(2) (1) から　$ab \leqq 3$, $1 \leqq a \leqq b$

よって　$(a, b)=(1, 1)$, $(1, 2)$, $(1, 3)$

それぞれの場合について，条件を満たす c が存在するかどうかを調べる]

301 (1) 10 (2) 422 (3) 491

302 (1) $10010_{(2)}$ (2) $100012_{(3)}$ (3) $636_{(7)}$

303 (1) 296 (2) $423_{(5)}$

304 (1) 0.6875 (2) 0.672 (3) 0.296875

305 (1) $0.314_{(5)}$ (2) $0.1011_{(2)}$ (3) $0.31_{(4)}$

306 (1) $100001_{(2)}$ (2) $1021_{(3)}$ (3) $12633_{(7)}$

(4) $10100_{(2)}$ (5) $325_{(6)}$ (6) $10010001_{(2)}$

(7) $133122_{(5)}$ (8) $11_{(2)}$ (9) $22_{(3)}$

307 (1) $n=7$ (2) 500

[(1) $72=1 \cdot n^2+3 \cdot n^1+2 \cdot n^0$ から

$(n-7)(n+10)=0$

(2) $abcd_{(5)}$ と表すとすると，a は $1 \sim 4$ の 4 通り，b, c, d は $0 \sim 4$ の 5 通り。

よって　$4 \times 5 \times 5 \times 5$]

308 $a=2$, $b=4$, $N=102$

[$a0b_{(7)}$ は 7 進法の数であることから

$1 \leqq a \leqq 6$, $0 \leqq b \leqq 6$

$b0a_{(5)}$ は 5 進法の数であることから

$1 \leqq b \leqq 4$, $0 \leqq a \leqq 4$

よって　$1 \leqq a \leqq 4$, $1 \leqq b \leqq 4$ …… ①

また，$a0b_{(7)}=b0a_{(5)}$ から

$49a+b=25b+a$

よって　$2a=b$ …… ②

①，②から，a, b を求める]

309 (1) 31023 (2) 258 番目

[(1) $2013=31023_{(5)}$

(2) $2013_{(5)}=2 \cdot 5^3+0 \cdot 5^2+1 \cdot 5^1+3 \cdot 5^0$]

310 (1) $(-8, 2)$ (2) $(3, -1)$

311 地点Oから東に 20 m，北に 21 m 進んだ位置

312 (1) $(4, 3, 2)$ (2) $(-1, -5, -7)$

313 (1) $(1, -6)$ (2) $(-1, -4)$

314 地点Oから東へ 48 m，北へ 5 m 進み，真上に 24 m 上がった位置

315 [(1) $BC^2=CA^2+AB^2$ であるから，

$\triangle ABC$ は $\angle A=90°$ の直角三角形である。

(2) $AB=BC=CA=2\sqrt{2}$ であるから，

$\triangle ABC$ は正三角形である]

316 (1) $n=18, 30, 45$ (2) $n=1, 21$

[(1) $90=2 \cdot 3^2 \cdot 5$

(2) $n^2-22n+40=(n-2)(n-20)$

$\qquad\qquad\qquad =(2-n)(20-n)$

よって　$n-20=1$ または $2-n=1$]

317 (1) (ア) 5, 7, 11, 13, 17, 19, 23, 29, 31, 37

(イ) 6

[(2) 5 以上の自然数は $6k-1$, $6k$, $6k+1$,

$6k+2$, $6k+3$, $6k+4$ (k は自然数) のいずれか

の形で表される。

$6k$ は 6 の倍数，$6k+2=2(3k+1)$ は 2 の倍数，

$6k+3=3(2k+1)$ は 3 の倍数，

$6k+4=2(3k+2)$ は 2 の倍数]

318 (1) $(n^2+2n+2)(n^2-2n+2)$

[(2) $n \geqq 2$ であるから

$n^2+2n+2=(n+1)^2+1 \geqq 3^2+1=10$

$n^2-2n+2=(n-1)^2+1 \geqq 1^2+1=2$

よって，n^4+4 は 2 以上の 2 つの自然数の積で表される]

319 [$n=1, 2$ のとき不適。

n が 4 以上の素数とすると，$n=3k+1$, $3k+2$ (k は整数) と表される。

[1] $n=3k+1$ のとき　$n+2=3(k+1)$　不適

[2] $n=3k+2$ のとき　$n+4=3(k+2)$　不適

$n=3$ のとき　$n+2=5$, $n+4=7$　（適）]

320 (1) 1 (2) 1 (3) 1 (4) 2

[(1) 7 を 6 で割った余りは 1

よって，1^{100} を 6 で割った余り

別解 $7 \equiv 1 \pmod 6$　　$7^{100} \equiv 1^{100} \equiv 1 \pmod 6$

(2) 26 を 5 で割った余りは 1

別解 $26 \equiv 1 \pmod 5$　　$26^{40} \equiv 1^{40} \equiv 1 \pmod 5$

(3) 3^2 を 8 で割った余りは 1　　$3^{50}=(3^2)^{25}$

別解 $3^2 \equiv 1 \pmod 8$

$3^{50} \equiv (3^2)^{25} \equiv 1^{25} \equiv 1 \pmod 8$

(4) 2^3 を 7 で割った余りは 1

$2^{100}=2 \cdot 2^{99}=2 \cdot (2^3)^{33}$

別解 $2^3 \equiv 1 \pmod 7$

$2^{100} \equiv 2 \cdot (2^3)^{33} \equiv 2 \cdot 1^{33} \equiv 2 \pmod 7$]

321 (1) 5 (2) 6
[(1) $n \equiv 4 \pmod 7$
$n^2 + 3n + 5 \equiv 4^2 + 3 \cdot 4 + 5 \equiv 5 \pmod 7$
(2) $n \equiv 3 \pmod{15}$
$n^3 + 8n \equiv 3^3 + 8 \cdot 3 \equiv 6 \pmod{15}$]

322 (1) 7 (2) 49
[(1) $23^{23} \equiv 3^{23} \equiv (3^4)^5 \cdot 3^3 \equiv 7 \pmod{10}$
(2) $7^{50} \equiv (7^4)^{12} \cdot 7^2 \equiv 49 \pmod{100}$]

323 (1) $x \equiv 3 \pmod 5$
(2) $x \equiv 5 \pmod 9$
(3) $x \equiv 2, 5, 8, 11, 14 \pmod{15}$
[表を用いて調べる。
別解 (1) 両辺に 2 を掛ける。
(2) 両辺に 8 を掛ける]

324 (2) $x = -9k + 3$, $y = 4k + 3$ (k は整数)
[(1) $4x \equiv 0 \pmod 4$ であるから
$9y \equiv 39 \pmod 4$
$9 \equiv 1$, $39 \equiv 3 \pmod 4$ であるから
$y \equiv 3 \pmod 4$
(2) (1) の結果により, 整数 k を用いて
$y = 4k + 3$ と表される]

325 (1) $(x, y) = (1, 6), (2, 3), (3, 2),$
$(6, 1), (-1, -6), (-2, -3), (-3, -2),$
$(-6, -1)$
(2) $(x, y) = (-6, 7), (6, 1), (6, -7),$
$(-6, -1)$
(3) $(x, y) = (3, -1), (2, 0), (2, 1),$
$(-3, 1), (-2, 0), (-2, -1)$
(4) $(x, y) = (-5, 6), (-3, 8), (-1, 2),$
$(1, 4)$

326 (1) $(x, y) = (2, 1)$ (2) $(x, y) = (1, 2)$
[(1) $(3x + 2y)y = 8$ (2) $x(4x + 3y) = 10$]

327 (1) $(x, y) = (2, -14), (0, 0),$
$(-6, -6), (8, -8)$
(2) $(x, y) = (-5, 8), (-7, -2), (-1, 4),$
$(-11, 2)$
[(1) $(x - 1)(y + 7) = -7$
(2) $(x + 6)(y - 3) = 5$]

328 (1) $(x, y) = (2, 2), (3, 6)$
(2) $(x, y) = (3, 5), (4, 4), (1, 1)$
[(1) $(x - 4)(y + 2) = -8$
$x > 0$, $y > 0$ から $x - 4 \geqq -3$, $y + 2 \geqq 3$
(2) $(x - 2)(y - 3) = 2$
注意 $x > 0$, $y > 0$ でも $x - 2$, $y - 3$ は負になる
可能性がある]

329 (1) $(x, y) = (4, 2)$ (2) $(x, y) = (2, 1)$
[(1) $(x + y)(x - y) = 12$
$x + y > 0$ から $x - y > 0$
また, $y > 0$ から $x + y > x - y$
よって
$(x + y, x - y) = (12, 1), (6, 2), (4, 3)$
(2) $(x + 5y)(x - 5y) = -21$
$x + 5y > 0$ から $x - 5y < 0$
また $x + 5y \geqq 6$
よって
$(x + 5y, x - 5y) = (7, -3), (21, -1)$]

330 $n = 5, 13$
[k を自然数として $\sqrt{n^2 + 56} = k$
両辺を 2 乗して変形すると
$(k + n)(k - n) = 56$]

331 (1) $(x, y) = (4, -1), (2, 1), (-4, 1),$
$(-2, -1)$
(2) $(x, y) = (3, 0), (0, 3), (-8, 3),$
$(-5, 0)$
[(1) $(x + 3y)(x - y) = 5$
(2) (1)から, $(x + 3y + k)(x - y + l) - kl = 15$
として, 係数を比較すると $k + l = 2$,
$-k + 3l = 14$ から $k = -2$, $l = 4$
よって $(x + 3y - 2)(x - y + 4) = 7$]

332 420
[20 と 42 の最小公倍数]

333 $\dfrac{80}{7}$
[分母は 21 と 35 の最大公約数, 分子は 10 と 16
の最小公倍数]

334 [連続する 3 つの奇数は, $2n - 1$, $2n + 1$,
$2n + 3$ (n は整数) と表される。
$N = (2n - 1)^2 + (2n + 1)^2 + (2n + 3)^2 + 1$
$= 12(n^2 + n + 1) = 12\{n(n + 1) + 1\}$
ここで, $n(n + 1) + 1$ は奇数]

335 [(1) $n = 2m + 1$ (m は整数) とおくと
$n^3 - n = (n - 1)n(n + 1) = 4m(m + 1)(2m + 1)$
$n^3 - n$ は 3 の倍数かつ 8 の倍数
(2) $m^3 n - mn^3 = (m^3 - m)n - (n^3 - n)m$
$= (m - 1)m(m + 1)n - (n - 1)n(n + 1)m$
(3) すべての整数 n は, $n = 3k - 1$, $n = 3k$,
$n = 3k + 1$ (k は整数) のいずれかの形で表され
る。それぞれの場合について, $n^9 - n^3$ が 9 の倍
数となることを示す]

336 $[3a+7b=(2a+5b)\cdot1+a+2b,$
$2a+5b=(a+2b)\cdot2+b,\ a+2b=b\cdot2+a$ から
$3a+7b$ と $2a+5b$ の最大公約数は a と b の最大公約数に等しい$]$

337 $[$すべての整数 n は $n=5k,\ n=5k\pm1,$
$n=5k\pm2$ のいずれかの形に表されるから，n^2 を 5 で割ったときの余りは 0 か 1 か 4 である。よって，$a,\ b,\ c$ がすべて 5 の倍数でないと仮定すると，a^2+b^2 を 5 で割った余りは 0 か 2 か 3，c^2 を 5 で割った余りは 1 か 4 となり矛盾$]$

338 $N=220$
$[N=abc_{(7)}$ とすると $N=cba_{(8)}$
$1\leqq a\leqq6,\ 0\leqq b\leqq6,\ 1\leqq c\leqq6$
$49a+7b+c=64c+8b+a]$

339 (1) $(x,\ y)=(1,\ 1),\ (-1,\ -1),$
$(5,\ -3),\ (-5,\ 3)$
(2) $(x,\ y)=(-2,\ -4),\ (-4,\ -2),$
$(-1,\ -2),\ (-5,\ -4)$
$[$(1) $x(2x+3y)=5$ (2) $(x+3)(x-y)=2]$

340 (1) $(x,\ y)=(3,\ 10),\ (1,\ -4),\ (9,\ 4),$
$(-5,\ 2)$
(2) $(x,\ y)=(0,\ 0),\ (-4,\ 0)$
$[$(1) $(x-2)(y-3)=7$
(2) 2 次の項に着目して
$(x-3y+k)(x+2y+l)-kl=0$
これを展開して 1 次の係数に着目すると
$k+l=4,\ 2k-3l=-7$
よって $k=1,\ l=3$ このことから
$(x-3y+1)(x+2y+3)=3]$

341 (1) $(x,\ y)=(1,\ -2),\ (1,\ -4)$
(2) $(x,\ y)=(-8,\ 10),\ (-6,\ 6)$
$[$(1) $y^2+2(x+2)y+5x^2-4x+7=0$
$D\geqq0$ から $(2x-1)(2x-3)\leqq0$
(2) $x^2+(y+6)x+7y-6=0$ から
$x=\dfrac{-y-6\pm\sqrt{y^2-16y+60}}{2}$
根号内は平方数であるから
$y^2-16y+60=k^2$（k は 0 以上の整数）
$(y-8)^2-k^2=4$ から
$(y-8+k)(y-8-k)=4]$

総合問題 ($p.84$, 85) の答と略解

1 (1) $\dfrac{1}{3}$ (2) $\dfrac{1}{2}$ (3) $\dfrac{13}{27}$

[(1) 2 人のうち少なくとも 1 人が女の子であるという事象を X_1, 2 人とも女の子であるという事象を Y とすると

$$P(X_1)=1-\dfrac{1}{2}\cdot\dfrac{1}{2}=\dfrac{3}{4}$$

$$P(X_1\cap Y)=P(Y)=\dfrac{1}{2}\cdot\dfrac{1}{2}=\dfrac{1}{4}$$

(2) 第一子が女の子であるという事象を X_2 とすると

$$P(X_2)=\dfrac{1}{2}\cdot\dfrac{1}{2}+\dfrac{1}{2}\cdot\dfrac{1}{2}=\dfrac{1}{2}$$

$$P(X_2\cap Y)=P(Y)=\dfrac{1}{4}$$

(3) 2 人のうち少なくとも 1 人が火曜日生まれの女の子であるという事象を X_3 とすると

$$P(X_3)=\dfrac{1}{7}\cdot\dfrac{1}{2}+\dfrac{1}{7}\cdot\dfrac{1}{2}-\dfrac{1}{7}\cdot\dfrac{1}{2}\times\dfrac{1}{7}\cdot\dfrac{1}{2}=\dfrac{27}{196}$$

$$P(X_3\cap Y)=\dfrac{1}{7}\cdot\dfrac{1}{2}\times\dfrac{1}{2}+\dfrac{1}{2}\times\dfrac{1}{7}\cdot\dfrac{1}{2}$$
$$-\dfrac{1}{7}\cdot\dfrac{1}{2}\times\dfrac{1}{7}\cdot\dfrac{1}{2}=\dfrac{13}{196}]$$

2 外心は点 D, 重心は点 E, 内心は点 F

3 (1) 69 番目 (2) 8580

[5 進法に結び付けて, 0, 1, 2, 5, 8 をそれぞれ 0, 1, 2, 3, 4 に対応させて考える]

4 (1) 4 寸

[(2) 大円, 中円, 小円の直径をそれぞれ a, b, c とすると, $c=a\div\left(\sqrt{\dfrac{a}{b}}+1\right)^2$ が成り立つことを示せばよい。

各円と接線の接点について, 2 つずつの円に着目して, 接点間の距離をそれぞれ求める]

図形の性質 (1)

平行線になる

① 錯角が等しい

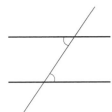

② 同位角が等しい

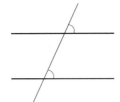

③ 比が等しい $a:b=c:d$

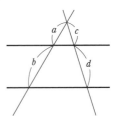

④ 交わる2円(1)

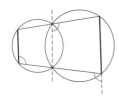

⑤ 交わる2円(2)

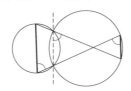

⑥ 接する2円(1)

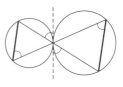

⑦ 接する2円(2)

⑧ 共通外接線

⑨ 共通内接線

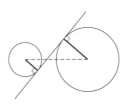

図形の性質 (2)

4点 ⟶ 1つの円周上

① PA＝PB＝PC＝PD　② ∠ABC＝∠ADC　③ ∠ABC＋∠ADC＝180°

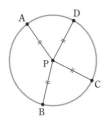
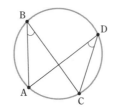
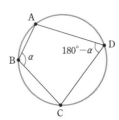

④ ∠ABC＝∠ADP　⑤ PA・PB＝PC・PD　⑥ PA・PB＝PC・PD

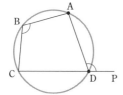
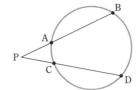
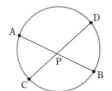

3点 ⟶ 1つの直線上

① ∠PQR＝180°　② PR 上に点 Q′ をとり Q と Q′ が一致することを示す　③ $\dfrac{AP}{PB}\cdot\dfrac{BR}{RC}\cdot\dfrac{CQ}{QA}=1$

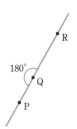
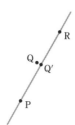
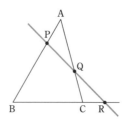

■ 2つの三角形における辺と角の大小関係 (*p.42*)

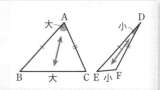

定理 △ABC と △DEF において
AB＝DE, AC＝DF とするとき
∠A＞∠D ⟺ BC＞EF

証明 ∠A＞∠D とするとき, △DEF を移動し,
辺 DE が辺 AB に重なり, DF が ∠BAC
の内部にくるようにする。

[1] F が辺 BC 上にあるとき, 明らかに
BC＞EF

[2] F が辺 BC 上にないとき
∠CAF の二等分線を引き, 辺 BC
との交点をGとすると
△ACG≡△AFG
よって   GC＝GF
また, △BFG において
BF＜BG＋GF
ゆえに   BF＜BG＋GC＝BC
したがって   BC＞EF

[1], [2] から
∠A＞∠D ⟹ BC＞EF

また, この逆は下の転換法により証明
できる。
したがって
∠A＞∠D ⟺ BC＞EF 終

参考 **転換法** 命題 $p_1 \Rightarrow q_1$, $p_2 \Rightarrow q_2$, $p_3 \Rightarrow q_3$, …… がすべて真。
仮定 p_1, p_2, p_3, …… がすべての場合をつくしている
結論 q_1, q_2, q_3, …… はどの2つも両立することがない

このとき, 逆 $q_1 \Rightarrow p_1$, $q_2 \Rightarrow p_2$, $q_3 \Rightarrow p_3$, …… はすべて真
とする証明法。

解説 例えば, q_1 であるのに p_1 でなければ, p_2, p_3, …… のいずれかである。
もし, p_2 となるものがあると仮定すると, $p_2 \Rightarrow q_2$ が真であるから, q_1 であって
かつ q_2 であるものがあることになる。
ところが, q_1 と q_2 とは両立しない。ゆえに, 矛盾である。
また, q_1 であるのに p_3, …… のいずれであっても同様に矛盾する。
よって, q_1 であるなら, p_2, p_3, …… のいずれでもなく, ただ, 1つ残った場合の
p_1 でなければならない。したがって $q_1 \Rightarrow p_1$ が真。
他の $q_2 \Rightarrow p_2$, …… が真 も同様に成立する。

ギリシャ文字の表

大文字	小文字	読み方	大文字	小文字	読み方	大文字	小文字	読み方
A	α	アルファ	I	ι	イオタ	P	ρ	ロー
B	β	ベータ	K	κ	カッパ	Σ	σ	シグマ
Γ	γ	ガンマ	Λ	λ	ラムダ	T	τ	タウ
Δ	δ	デルタ	M	μ	ミュー	Υ	υ	ユプシロン
E	ε	エプシロン	N	ν	ニュー	Φ	φ, ϕ	ファイ
Z	ζ	ゼータ	Ξ	ξ	クシー	X	χ	カイ
H	η	エータ	O	o	オミクロン	Ψ	ψ	プサイ
Θ	θ, ϑ	シータ	Π	π	パイ	Ω	ω	オメガ

初　版
第 1 刷　1963 年 3 月 1 日　発行
新訂版
第 1 刷　1968 年 3 月 1 日　発行
新制版
第 1 刷　1973 年 3 月 1 日　発行
RED 版, GREEN 版
第 1 刷　1973 年 12 月 20 日　発行
新　制
第 1 刷　1982 年 1 月 10 日　発行
新　制
第 1 刷　1994 年 2 月 1 日　発行
新課程
第 1 刷　2003 年 2 月 1 日　発行
新課程
第 1 刷　2011 年 11 月 1 日　発行
新課程
第 1 刷　2021 年 11 月 1 日　発行
第 2 刷　2022 年 2 月 1 日　発行

ISBN978-4-410-20928-4

教科書傍用

スタンダード
数学 A

編　者　数研出版編集部

発行者　星野　泰也

発行所　数研出版株式会社

〒101-0052　東京都千代田区神田小川町 2 丁目 3 番地 3
　　　　　〔振替〕00140-4-118431
〒604-0861　京都市中京区烏丸通竹屋町上る大倉町205番地
〔電話〕代表 (075)231-0161

ホームページ　https://www.chart.co.jp

印刷　創栄図書印刷株式会社

220102

29 方べきの定理の逆

2つの線分 AB と CD，または AB の延長と CD の延長が点Pで交わるとき，PA・PB=PC・PD が成り立つならば，4点 A, B, C, D は1つの円周上にある。

補定 28 の②についても，その逆が成り立つ。

30 作図

作図では，定規とコンパスを用いて
　[1] 与えられた2点を通る直線を引くこと
　[2] 与えられた1点を中心として，与えられた半径の円をかくこと
だけができる。それらの直線や円などの交点を求めて，次々と点，直線，円をかき，条件を満たす図形をかくことが作図である。

31 空間における直線や平面の位置関係

① 平行な2直線の一方に垂直な直線は，他方にも垂直である。

② 直線 ℓ が，平面 α 上の交わる2直線 m, n に垂直ならば，直線 ℓ は平面 α に垂直である。

③ 平面 α の1つの垂線を含む平面は，α に垂直である。

32 多面体

多角形の面で囲まれた立体を 多面体 といい，へこみのない多面体を 凸多面体 という。

▶オイラーの多面体定理
凸多面体の頂点の数を v，辺の数を e，面の数を f とすると　　　　$v-e+f=2$

数学と人間の活動

33 倍数の判定法

2の倍数	一の位が 0, 2, 4, 6, 8 のいずれか
4の倍数	下2桁が4の倍数
5の倍数	一の位が0か5
8の倍数	下3桁が8の倍数
10の倍数	一の位が0
3の倍数	各位の数の和が3の倍数
9の倍数	各位の数の和が9の倍数

34 約数の個数

自然数 N の素因数分解が $N=p^a q^b r^c\cdots\cdots$ であるとき，N の正の約数の個数は
$$(a+1)(b+1)(c+1)\cdots\cdots$$

35 互いに素

▶2つの整数 a, b の最大公約数が1であるとき，a, b は 互いに素 であるという。

▶a, b, c は整数で，a, b は互いに素であるとする。
① ac が b の倍数であるとき，c は b の倍数である。
② a の倍数であり，b の倍数でもある整数は，ab の倍数である。

36 整数の割り算

整数 a と正の整数 b に対して
$$a=bq+r, \quad 0\leqq r<b$$
を満たす整数 q, r はただ1通りに定まる。

37 余りによる整数の分類

▶整数に関する事柄を証明するとき，次のように分類して考えると，うまくいく場合がある。(k は整数)
① $2k$, $2k+1$ （偶数，奇数）
② $3k$, $3k+1$, $3k+2$ （3で割った余りが 0, 1, 2）
③ 一般に，m が2以上の自然数のとき
$$mk, \ mk+1, \ mk+2, \ \cdots\cdots, \ mk+(m-1)$$

38 ユークリッドの互除法

▶自然数 a, b について，a を b で割ったときの余りを r とすると，a と b の最大公約数は，b と r の最大公約数に等しい。

▶ユークリッドの互除法
a, b の最大公約数を求める。[次の手順を繰り返す]
① a を b で割ったときの余りを r とする。
② $r=0 \implies b$ が求める最大公約数。
　 $r>0 \implies a$ を b，b を r でおきかえて，①へ。

39 1次不定方程式と整数解

a, b, c は整数の定数で，$a\neq0$, $b\neq0$ とする。x, y の1次方程式 $ax+by=c$ を成り立たせる整数 x, y の組を，この方程式の 整数解 という。また，この方程式の整数解を求めることを 1次不定方程式を解くという。

40 n 進法

位取りの基礎を n として数を表す方法を n 進法 という。また，位取りの基礎となる数 n を 底 という。

例　$1101_{(2)}=1\cdot2^3+1\cdot2^2+0\cdot2^1+1\cdot2^0=13$
　　2進法の $1101_{(2)}$ は10進法の13

41 平面上の点の位置，空間の点の位置

▶平面上の点の位置
平面上の点で，x 座標が a，y 座標が b であるような点Pの座標は (a, b) で表される。

▶空間の点の位置
空間の点で，x 座標が a，y 座標が b，z 座標が c であるような点Qの座標は (a, b, c) で表される。

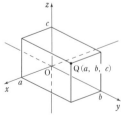